汽车维修专项能力提升书系

汽车电脑维修从入门到精通

胡欢贵　主编

机械工业出版社

本书从汽车电子电气基础讲起，便于初学者入门，在熟悉基本电子电气概念及基本元器件的基础上，进一步介绍了汽车电路图识读的方法，为读者学习与掌握汽车电控系统原理提供相关知识，进而重点讲解了汽车电脑、汽车发动机电控系统、汽车底盘电控系统、汽车车身电控系统的组成、功能及原理。只有掌握了理论，技术才能够精通，接着重点介绍了汽车电脑检修方法与技术（主要为常用检测设备与测量技术、常用拆焊工具与焊接技术），最后以典型案例对汽车电脑故障排除、设码与编程进行了逐一介绍。

本书使用全彩图解，使用了大量实物、实操的照片以及系统彩图，直观易懂、轻松易学。此外，本书还配套实操及系统结构与原理演示视频，使内容更便于掌握。

本书既可作为广大维修技工针对汽车电脑与汽车电控系统维修的自学入门读物，同时也可以作为各汽车院校与职业培训机构汽车电脑维修课程的专业教材。

图书在版编目（CIP）数据

汽车电脑维修从入门到精通 / 胡欢贵主编. — 北京：机械工业出版社，2024.5
（汽车维修专项能力提升书系）
ISBN 978-7-111-75732-0

Ⅰ.①汽… Ⅱ.①胡… Ⅲ.①汽车 – 计算机控制系统 – 维修
Ⅳ.①U472.41

中国国家版本馆CIP数据核字（2024）第089184号

机械工业出版社（北京市百万庄大街22号 邮政编码100037）
策划编辑：王 婕   责任编辑：王 婕 丁 锋
责任校对：甘慧彤 梁 静   封面设计：张 静
责任印制：李 昂
北京捷迅佳彩印刷有限公司印刷
2024年7月第1版第1次印刷
184mm×260mm · 11.75印张 · 238千字
标准书号：ISBN 978-7-111-75732-0
定价：79.90元

电话服务   网络服务
客服电话：010-88361066   机 工 官 网：www.cmpbook.com
         010-88379833   机 工 官 博：weibo.com/cmp1952
         010-68326294   金 书 网：www.golden-book.com
封底无防伪标均为盗版 机工教育服务网：www.cmpedu.com

　　汽车电脑是对汽车各个电子控制（简称电控）系统中控制单元的统称，也是行业内对电控系统控制器的俗称。针对不同的总成有更细化的叫法，如发动机控制单元为发动机电脑，车身域控制器为车身电脑，安全气囊控制单元为安全气囊电脑……汽车电脑的英文名字叫作 ECU，全称为 Electronic Control Unit，意为电子控制单元，简称电控单元。汽车电脑还有不少别称，如控制器、控制模块、行车电脑、车载电脑……不同的汽车电控系统有不同的英文缩写名称，不同厂家对同一类电控系统也有不同的称呼，关于这些名称与含义，可以参见本书附录内容。

　　最早的汽车电控系统是 1968 年德国博世公司开发的电子燃油喷射（Electronic Fuel Injection，EFI）系统，简称电喷，带有 EFI 系统的发动机被称为电喷发动机，装载电喷发动机的车辆被称为电喷车。到了 20 世纪 80 年代，欧洲、美国、日本三大汽车生产基地所生产的汽车大多数采用了电控燃油喷射系统，同时也都开发了自己独特的控制方式。在这个基础上，各汽车生产厂家开始在汽车上采用变速器控制单元（TCU）、防抱死制动系统（ABS）、安全气囊系统（SRS）、驱动防侧滑系统（ASR）及电子空气悬挂系统（EAS），甚至将空调、扬声器等附属设施也用计算机进行集成控制。

　　如今，汽车电动化、网联化、智能化已成为发展的必然趋势，各种各样的电控系统更是遍布全车。汽车电脑接收各类传感器与开关输入的信号，进行计算处理后再根据指令和存储的参数输出控制数据至执行器。不同的电控系统根据不同的功能需要，有着不同的系统组成与运行模式，了解汽车电脑也就要了解它所在的电控系统，维修汽车电脑也必须从外围入手，首先排除外部即输入、输出和电源端的故障。

　　汽车电脑的维修在使用的检测与焊接工具及其基本的操作技能上，与家电、数码电子产品、智能手机的维修有很多相通之处。唯一不便的是，在目前阶段还不能找到完整的可供汽车电脑维修参考的技术资料，如线路图、元件图、技术手册。唯一能参考的便是同型号的汽车电脑检测报告和读取来的参数与资料，以及根据汽车厂家公布的汽车电路图中电控系统原理图与汽车电脑引脚定义图来倒推接口数据至电脑板的外围电路，如电源供电、接地，以及输入信号的处理芯片、输出信号的驱动芯片等。

　　本书内容围绕汽车电脑的维修技术与设码编程技术展开。汽车电脑维修技术相比一般的汽车电器维修更为艰深，考虑到初学入门者的需要，本书采用由浅入深的编写方式，介绍了电子电气基础、系统功能结构与工作原理的理论知识，以及拆装检测与故障诊断排除的实践知识，可帮助读者从入门到精通。关于系统设码与电脑（控制器）编程匹配这一部分内容，限于篇幅，本书只是各选一两个车型实例来枚举，希望可以起到引导读者举一反三、触类旁通的作用。

本书是一本讲解汽车电脑维修和设码编程从入门到提高的书籍，内容涉及汽车电控系统结构原理与故障诊断及排除、系统匹配与电脑编程等诸多方面，可以说是汽车电脑维修相关从业人员及职业院校汽车维修专业师生的"充电宝"。

全书分为10章，讲述汽车电控系统的结构原理知识与维修技术，以行业规范为依照，注重知识性、系统性、实用性的多重结合，尽量用最直观的方式将最有用的内容呈现给读者。

第1章为基础性内容，介绍了汽车电子电气基础；第2章介绍了汽车电路组成与类型、汽车电路表示符号及汽车电路图识读示例；第3章为汽车电脑概述，介绍了汽车电控系统构成、分类与汽车电脑内部结构、工作原理、特点；第4~6章分别介绍了汽车发动机、底盘与车身各类电控系统的组成、功能与工作原理；第7章介绍了汽车电脑检修方法；第8章介绍了汽车电脑检修技术；第9章和第10章以单个举例的方式介绍了汽车电脑故障排除、设码与编程的方法。书后附录为本书出现及其他技术文献中常见的汽车电脑（ECU）与电控系统英文缩略语释义。

本书由胡欢贵主编，此外参加编写的人员还有朱如盛、周金洪、刘滨、彭斌、章军旗、满亚林、彭启凤。本书在编写过程中，参考了大量厂家技术文献和网络信息资料，在此，谨向这些资料信息的原创者们表示衷心的感谢！

由于涉及资料诸多、技术新颖，加上编者水平有限，书中错漏之处在所难免，请广大读者批评指正，以使本书在再版修订时更为完善。

编　者
2023 年于羊城

资源总码

目 录

前言

第 1 章
汽车电子电气
基础

1.1 电学基本概念 ... 001
  1.1.1 电流与电路 ... 001
  1.1.2 电压与电阻 ... 001
  1.1.3 导体与绝缘体 ... 003
  1.1.4 欧姆定律 ... 003
  1.1.5 电功率 ... 004
  1.1.6 电磁感应 ... 004
  1.1.7 串联与并联 ... 004

1.2 电路基本元件 ... 006
  1.2.1 电阻（器） ... 006
  1.2.2 电容（器） ... 010
  1.2.3 电感（器） ... 012

1.3 半导体与集成电路 ... 014
  1.3.1 半导体 ... 014
  1.3.2 二极管 ... 014
  1.3.3 晶体管 ... 016
  1.3.4 集成电路 ... 018
  1.3.5 印制电路板 ... 021

1.4 直流电路与交流电路 ... 023
  1.4.1 直流电路 ... 023
  1.4.2 交流电路 ... 023

1.5 模拟信号与数字信号 ... 024
  1.5.1 模拟信号 ... 024
  1.5.2 数字信号 ... 024
  1.5.3 代码和字节 ... 025
  1.5.4 总线技术 ... 026
  1.5.5 数据传输方式 ... 026

第 2 章
汽车电路图识读

2.1	汽车电路组成与类型	... 029
2.1.1	汽车电路组成	... 029
2.1.2	汽车电路类型	... 029
2.1.3	汽车电路图类型	... 029
2.2	汽车电路表示符号	... 035
2.2.1	汽车电路图部件符号	... 035
2.2.2	品牌汽车电路图符号	... 035
2.2.3	线束与插接器表示符号	... 041
2.3	汽车电路图识读示例	... 043
2.3.1	大众（奥迪、斯柯达、西雅特）汽车电路图识读	... 043
2.3.2	通用（别克、雪佛兰、凯迪拉克）电路图识读	... 044
2.3.3	丰田（雷克萨斯）汽车电路图识读	... 046

第 3 章
汽车电脑概述

3.1	汽车电控系统	... 047
3.1.1	汽车电控系统构成	... 047
3.1.2	汽车电控系统分类	... 048
3.2	汽车电脑	... 049
3.2.1	汽车电脑内部结构	... 049
3.2.2	汽车电脑工作原理	... 050
3.2.3	汽车电脑的特点	... 051

第 4 章
汽车发动机电控系统

4.1	汽油发动机电控系统	... 052
4.1.1	系统线束与电脑插接器分布	... 052
4.1.2	发动机控制单元功能	... 053
4.2	柴油发动机电控系统	... 055
4.2.1	博世电控系统	... 055
4.2.2	预热塞系统	... 056
4.2.3	共轨喷射系统	... 057

**第 5 章
汽车底盘电控
系统**

5.1　自动变速器电控系统　... 058
　　5.1.1　系统组成　... 058
　　5.1.2　系统功能　... 059
　　5.1.3　换挡机构　... 060

5.2　四轮驱动电控系统　... 061
　　5.2.1　四轮驱动类型　... 061
　　5.2.2　四轮驱动耦合器　... 062
　　5.2.3　电控系统信号　... 064

5.3　电子悬架电控系统　... 064
　　5.3.1　悬架功能　... 064
　　5.3.2　电子空气悬架　... 064
　　5.3.3　电子悬架功能　... 066
　　5.3.4　电子悬架控制单元　... 067

5.4　行驶稳定性电控系统　... 068
　　5.4.1　牵引力控制系统分类　... 068
　　5.4.2　ABS 组成　... 069
　　5.4.3　ABS 工作原理　... 071

5.5　电动助力转向系统　... 072
　　5.5.1　电动助力转向系统组成　... 072
　　5.5.2　电动助力转向系统电路　... 073

**第 6 章
汽车车身电控
系统**

6.1　自动空调系统　... 075
　　6.1.1　系统组成　... 075
　　6.1.2　系统功能　... 075
　　6.1.3　空调电脑　... 076
　　6.1.4　系统执行器与附加信号　... 077

6.2　影音通信系统　... 078
　　6.2.1　影音控制单元　... 078
　　6.2.2　远程通信系统盒　... 080
　　6.2.3　扬声器系统　... 081

6.3　安全气囊系统　... 083
　　6.3.1　乘员保护系统　... 083
　　6.3.2　被动安全系统　... 083
　　6.3.3　安全气囊控制单元　... 085

6.4	车身防盗系统	... 086
	6.4.1 中央门锁	... 086
	6.4.2 遥控钥匙	... 086
6.5	驾驶辅助系统	... 088
	6.5.1 驾驶辅助系统类型	... 088
	6.5.2 驾驶员辅助系统控制单元	... 090
6.6	车身网络控制系统	... 092
	6.6.1 车身域控制器	... 092
	6.6.2 车载网络系统	... 093
	6.6.3 网关电脑	... 093

**第 7 章
汽车电脑检修方法**

7.1	汽车电脑检修要点	... 096
	7.1.1 汽车电脑常见故障类型	... 096
	7.1.2 常用电路检测方法	... 097
	7.1.3 汽车电脑芯片级维修	... 100
7.2	汽车电脑板检修方法	... 103
	7.2.1 目视检查法	... 103
	7.2.2 接触检查法	... 103
	7.2.3 故障再生检查法	... 104
	7.2.4 对照检查法	... 104
	7.2.5 代换检查法	... 105
	7.2.6 电压检查法	... 105
	7.2.7 电阻检查法	... 105
	7.2.8 波形检查法	... 106
	7.2.9 信号注入法	... 106

**第 8 章
汽车电脑检修技术**

8.1	常用检测设备与测量技术	... 107
	8.1.1 试电笔	... 107
	8.1.2 试灯	... 108
	8.1.3 跨接线	... 109
	8.1.4 万用表	... 109
	8.1.5 示波器	... 111
	8.1.6 模拟器	... 115
	8.1.7 故障诊断仪	... 117

8.2	常用拆焊工具与焊接技术	... 119
	8.2.1 电烙铁结构组成与工作原理	... 119
	8.2.2 助焊剂与阻焊剂	... 119
	8.2.3 焊接方式与技术要求	... 120
	8.2.4 小型元件的拆焊方法	... 121
	8.2.5 各种芯片的拆焊方法	... 123

第 9 章 汽车电脑故障排除

9.1	动力系统电脑故障	... 132
	9.1.1 发动机电脑故障	... 132
	9.1.2 混合动力汽车电脑故障	... 133
	9.1.3 电驱控制器故障	... 134
	9.1.4 变速器电脑故障	... 136
9.2	其他系统电脑故障	... 138
	9.2.1 ABS 电脑故障	... 138
	9.2.2 车身电脑故障	... 140
	9.2.3 防盗电脑故障	... 140

第 10 章 汽车电脑设码与编程

10.1	汽车电脑设码	... 145
	10.1.1 车身控制模块编码	... 145
	10.1.2 电机零位标定编码	... 145
	10.1.3 安全气囊编码	... 150
	10.1.4 组合仪表编码	... 152
	10.1.5 隐藏功能编码	... 154
10.2	汽车电脑编程	... 155
	10.2.1 发动机电脑编程	... 155
	10.2.2 转向机匹配编程	... 156
	10.2.3 钥匙全部丢失匹配编程	... 158
	10.2.4 宝马 ISTA/P 诊断软件编程方法	... 160
	10.2.5 通用组合仪表编程	... 162

| 附录 汽车电脑（ECU）与电控系统英文缩略语释义 | ... 170 |
| 参考文献 | ... 177 |

第1章
汽车电子电气基础

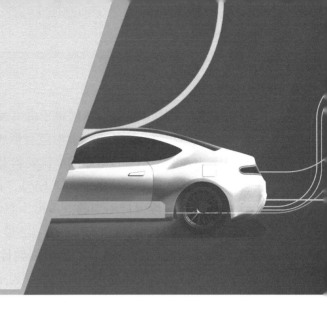

1.1 电学基本概念

1.1.1 电流与电路

所有的物质都是由原子组成的，原子又由原子核和电子组成。金属原子中含有自由电子。自由电子易于自由地脱离原子核。金属原子内自由电子的流动即产生电流，电流形成原理如图1-1所示。

因此，电路内的电流只不过是电子在导体中运动。在金属（导体）两端施加电压时，电子便从负极流向正极。电子流向与电流方向相反。

电包含三个基本要素：电流、电压与电阻。

电流是指电荷载体（例如物质或真空中的自由电子或离子）的定向移动。电压是产生电流的原因。只有在闭合的电路内才有电流流动。

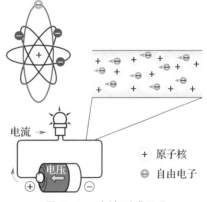

图1-1 电流形成原理

电路由电源（例如电池）、用电器（例如白炽灯泡）和导线组成。通过开关可使电路闭合或断开，如图1-1所示。

每个电导体都带有自由电子。电路闭合时，所施加的电压使导体和用电器的所有自由电子同时朝一个方向移动。每个时间单位内流动的电子（电荷载体）数量就是电流强度，俗称电流。每秒钟流经导体的电子越多，电流强度就越大。

电流强度的符号是I，单位为安培（A），$1A=1000mA$（毫安）。

1.1.2 电压与电阻

正电荷与负电荷分别位于不同两侧时便会产生电源。电源始终具有带有不同电荷的两极：一侧是缺少电子的正极；另一侧是电子过剩的负极。在负极与正极之间有一种电子补偿趋势，即两极连接起来时电子由负极流向正极。这种电子补偿趋势称作电压。

两点或两极之间产生电荷差时就会形成电压（压力）。电压是使电流流过电路的一种压力。电压越高，流过电路的电流就越大。

电压的符号是 U，单位为伏特（V），1000V=1kV（千伏）。

电压值和极性保持不变的电压称为直流电压。数值大小和极性不断变化的电压和电流称为交流电压和交流电流。图 1-2 显示了正弦交流电压（U）随时间（t）变化的情况。交流电压的特点是其方向呈周期性变化。在我国，交流电压为 220V，频率为 50Hz。该频率（通常也称为电源频率）表示每秒钟电流朝相同方向流动的次数。在汽车上，尤其是电动汽车，同时存在着直流电与交流电的应用，如图 1-2 所示。

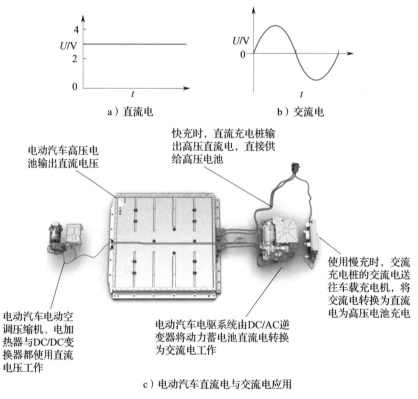

图 1-2　直流电与交流电示例

自由电荷载体在导体内部移动的结果是，自由电荷载体与原子相撞，因此电子流动受到干扰。这种效应称作电阻。该效应使电阻具有限制电路内电流的特点。电阻也称为欧姆电阻。除作为元件的标准电阻外，其他各部件都有一个可影响电路电压和电流的电阻值。

电阻的符号是 R（英语电阻一词的第一个字母）。电阻的计量单位是欧姆，用希腊字母 Ω 表示，1000Ω=1kΩ（千欧）。

导线的电阻取决于导体的尺寸、比电阻和温度。导体越长，电阻值越大。导体横截面越大，电阻值越小。相同尺寸的不同材料，其电阻值不同。每种物质都有一个特定的比电阻 ρ。某种物质的比电阻是指温度为 20℃时长为 1m、横截面为 $1mm^2$ 的导体的电阻值。温度越低，电阻越小。在电工学中，通常还会用到电阻的倒数，即电导率。电导率的符号是 G，单位是西门子，英文缩写为 S。根据电导率，可以将材料分为导体、绝缘体和半导体。导体电阻与电导率可按下列公式计算：

$$R=\rho\frac{I}{A} \tag{1-1}$$

$$G=\frac{1}{R} \tag{1-2}$$

式中，R 是电阻，单位为 Ω；ρ 是比电阻，单位为 $\Omega \cdot mm^2/m$；I 是导体长度，单位为 m；A 是导线横截面积，单位为 mm^2。

1.1.3　导体与绝缘体

导体分为电子导体和离子导体。电子导体由相互紧密连接的金属原子构成。离子导体是依靠离子定向移动来导电的导体，包括电解质水溶液、有机电解质溶液、熔融盐和固体电解质，其中最常见的是电解质水溶液。固体中可动离子是阳离子的称为阳离子导体；若是阴离子，则称为阴离子导体。

绝缘体内自由电荷载体的数量为零，因此电导率也极低。通常采用绝缘体或绝缘材料使电导体相互绝缘。绝缘体包括塑料、橡胶、玻璃、陶瓷、纸等固体以及纯水（H_2O）、油和油脂等液体，如图 1-3 所示，也包括特定条件下的真空和气体。

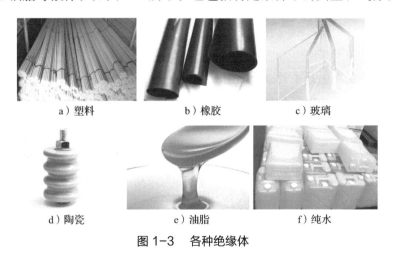

a）塑料　　　　　b）橡胶　　　　　c）玻璃

d）陶瓷　　　　　e）油脂　　　　　f）纯水

图 1-3　各种绝缘体

1.1.4　欧姆定律

欧姆定律描述了电压、电流和电阻之间的关系。它的内容是，在恒温下一个金属导

体上的电压降 U 与流经导体的电流强度为 I 的电流成正比。欧姆定律可用以下三个公式表达：

$$U=IR \tag{1-3}$$

$$I=U/R \tag{1-4}$$

$$R=U/I \tag{1-5}$$

利用欧姆定律可计算出一个电路的三个基本参数，前提是至少已知其中的两个参数。魔法三角可用于辅助确定欧姆定律的不同公式，欧姆定律的三个要素及其关系如图1-4所示。在电气维修中，如果很难接入电路或不允许断开电路，则要测量电路内已知电阻上的电压。随后可通过欧姆定律计算出电流。

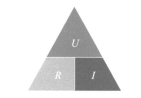

图1-4 欧姆定律的三个要素及其关系

1.1.5 电功率

功率是指特定时间内做功多少的能力。电功率的符号是 P，基本单位是瓦特（W）或伏安（VA）。后者可以通过电压和电流计算出来。计量单位 VA 经常可以在变压器和电机上看到。可通过两个已知的电参数计算出一个未知的电参数，例如：

$$P=UI \tag{1-6}$$

车辆发动机的功率也表示为 kW。电功率 P、电压 U、电流 I 和电阻 R 的关系式如图1-5所示。

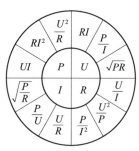

图1-5 电功率、电压、电流和电阻的关系式

1.1.6 电磁感应

电导体或线圈在磁场中移动时，导体或线圈内就会产生一个电压。磁场强度改变时，导体或线圈内也会产生电压。该过程称为电磁感应，产生的电压称为感应电压。电磁感应的形成原理如图1-6所示。

感应电压的大小取决于：磁场强度、电导体或线圈在磁场中的移动速度、线圈的圈数。在汽车应用中，这个原理用于电磁感应式传感器、点火线圈和发电机等元件中。

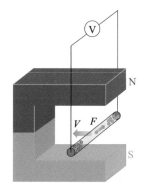

图1-6 电磁感应的形成原理

1.1.7 串联与并联

电路都由一个电源和一个负载电阻构成。然而在车辆上，一个电源（车载网络供电）会同时接有很多用电器。这种电路称为扩展型电路。扩展型电路分为串联和并联两

种基本连接方式。

串联时将所有电阻依次连接在一起。串联电路如图 1-7 所示，电流先后经过每个电阻，也就是说必须克服总电阻。相同电流经过所有电阻时，这些电阻为串联形式。总电压 $U_总$ 分布在串联电路的各个电阻上。各部分电压之和等于总电压：

$$U_总 = U_1 + U_2 + U_3 \tag{1-7}$$

由于串联电路内各处的电流大小都相等，因此不同电阻的电压降不同。电压与对应的电阻成正比。串联电路的总电阻是各串联电阻之和：$R_总 = R_1 + R_2 + R_3$。

总电压分配在最大电阻上的电压降最大。总电压分配在最小电阻上的电压降最小。正确串联连接各供电电源的电极时，就会将各部分电压相加起来。将各电源彼此同极相对连接时就会消减电压。最大电流由最弱供电电源决定。如图 1-8 所示，串联连接供电电源时，各部分电压相加形成总电压。同理，将各内阻抗相加即得到总内阻抗。

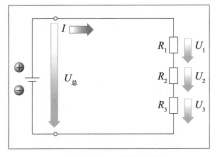

图 1-7　串联电路

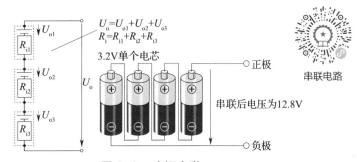

图 1-8　电源串联

扫一扫

串联电路

如图 1-9 所示，将电阻并排连接时称为并联。在这个电路中有更大的横截面供电流通过，因此总电阻较小。并联电路的总电阻始终小于最小的单个电阻。电阻并联时，施加在所有电阻上的电压都相同。

总电流在电阻的连接点处分为多个分电流，如图 1-10 所示。分电流的总和等于总电流：$I_总 = I_1 + I_2 + I_3$。

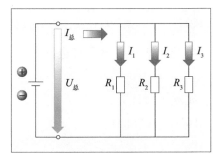

图 1-9　并联电路

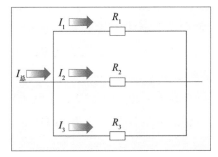

图 1-10　总电流与分电流

扫一扫

并联电路

并联电路的总电阻小于最小的单个电阻。电流可以更好地通过各个并联电阻，即电导率升高。利用下列公式计算三个电阻并联时的总电阻：

$$\frac{1}{R_{总}}=\frac{1}{R_1}+\frac{1}{R_2}+\frac{1}{R_3} \tag{1-8}$$

如图 1-11 所示，可将供电电源并联起来，但必须确保所有供电电源都具有相同的标称电压值和内阻抗。必须将各电源的同极彼此相连，否则可能会对供电电源造成无法修复的损坏或破坏。

并联连接供电电源可输出相对于单个供电电源来说更强的电流。各部分电流相加形成总电流，各内阻抗并联连接在一起。必须确保只将具有相同非负荷电压值和相同内阻抗的供电电源并联在一起。如果将不同容量和充电状态的蓄电池并联在一起（辅助起动），只能在短时间内保持这种连接状态，以免蓄电池过热。

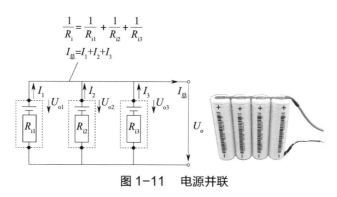

图 1-11　电源并联

1.2　电路基本元件

1.2.1　电阻（器）

1. 电阻的作用

在电路中阻碍电流流过的元件叫作电阻器（简称电阻）。电阻是汽车控制电子电路中使用最多的基本元件之一，其质量的好坏对电路工作的稳定性有极大影响。它的主要用途是稳定和调节电路中的电流和电压，其次还作为分流器、分压器和负载使用。电阻在电路中用字母"R"（电阻器英文 Resistor 的首字母）表示。电阻在电路中的表示符号如图 1-12 所示。

电阻的单位有：欧姆（Ω）、千欧（kΩ）、兆欧（MΩ）。

不同单位之间的换算公式为 1kΩ=1000Ω，1MΩ=1000kΩ。

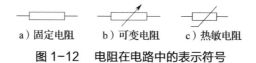

a）固定电阻　　b）可变电阻　　c）热敏电阻

图 1-12　电阻在电路中的表示符号

2. 电阻的种类

电阻的种类较多。按材料可分为碳膜电阻、金属膜电阻、线绕电阻等；按阻值是否可变分为固定电阻、可变电阻，还有具有特殊性质的光敏电阻、压敏电阻、热敏电阻等；按安装方式可分为插件式电阻和贴片式电阻，贴片式电阻包括普通贴片式电阻和贴片式色环电阻。在汽车控制模块电路板上，常采用贴片式电阻。常见电阻种类如图 1-13 所示。

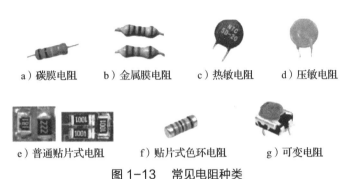

a）碳膜电阻　　b）金属膜电阻　　c）热敏电阻　　d）压敏电阻

e）普通贴片式电阻　　f）贴片式色环电阻　　g）可变电阻

图 1-13　常见电阻种类

3. 可变电阻（电位器）

可变电阻实际上是一个电位器，通常由电阻体与转动或滑动系统组成，即靠一个动触点在电阻体上移动，获得部分电压输出。典型的三线可变电阻结构如图 1-14 所示，它有 3 个引出端，其中定片 1、定片 2 两端间电阻值为最大，定片 1、动片或定片 2、动片两端间的电阻值可以通过改变活动触头位置加以调节。活动触头与旋转轴相连，即与动片相连，在弹簧压力的作用下与电阻片保持接触。

a）实体　　　　　　　b）三端元件　　　　　　c）两端元件

图 1-14　三线可变电阻结构

可变电阻用作分压器时，被称为电位器，是一个三端元件，如图 1-14b 所示；可变电阻用作变阻器时，应把它接成两端元件，即动片要与某一定片用导线直接相连，这里假设动片与定片 2 相连，如图 1-14c 所示。另外，可变电阻也可以用动片与定片 1 相连，两根定片引脚之间可以互换使用。

电位器外壳上标注的阻值叫作标称值，是电位器两固定引脚之间的阻值，一般称为电位器的最大阻值，通常采用直标法或数码表示法，如图 1-15 所示。

最大阻值为 500Ω

最大阻值为 200kΩ

图 1-15　电位器标称值

电位器一般用在电路中需要经常改变电阻阻值的地方，在汽车电路中，它主要用作位置传感器，如发动机电控系统的节气门位置传感器、加速踏板位置传感器、空调风门伺服电动机电位计等。这些传感器可以精确计量某些位置的微小变化，将位置信号转换成电压信号输出。图 1-16 所示为大众波罗（Polo）汽车空调内循环风门电动机及电位计。

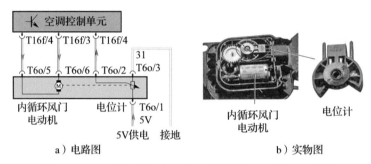

a）电路图　　　　　　　　　　　　b）实物图

图 1-16　大众波罗汽车空调内循环风门电动机及电位计

4. 特殊电阻

（1）热敏电阻　电阻值随温度升高而减小的热敏电阻称为负温度系数（NTC）热敏电阻，图 1-17 所示为用在发动机冷却液温度传感器中的热敏电阻。

（2）压敏电阻　压敏电阻式进气压力传感器由压力转换元件（硅片）、把转换元件输出信号进行放大的混合集成电路（IC 放大器）和真空室（绝对真空泵）组成，如图 1-18 所示。

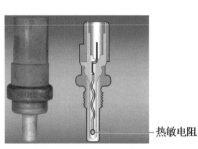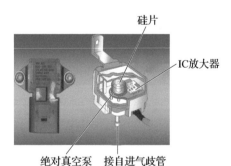

图 1-17　用在冷却液温度传感器中的热敏电阻

图 1-18　进气压力传感器

（3）光敏电阻　光敏电阻是利用半导体的光电效应制成的。在受光时，半导体受光照产生载流子，由一电极到达另一电极，有效地参与导电，从而使光电导体的电阻率发生变化。光照强度越强，电阻越小，如自动空调上的日光传感器。

5.电阻数值标示法

大多数电阻上都标有电阻的数值，这就是电阻的标称值。电阻的标称值往往和它的实际阻值不完全相同。电阻的实际阻值与其标称值的偏差，除以标称值所得到的百分比，叫作电阻的误差。电阻标称值的表示方法有直标法、文字符号法、数码标示法、色标法。

（1）直标法　所谓直标法，就是直接用阿拉伯数字和单位符号标出，一般用于功率较大的电阻器。如图 1-19 所示，电阻体上标注 5W10KJ，表示电阻的阻值为 $10k\Omega$，功率为 5W，允许误差为 ±5%（无误差标示为允许误差 ±20%）。

（2）文字符号法　这种标示法是将电阻的标称值和误差用数字和文字符号按一定的规律组合标在电阻体上。符号前为整数，符号后面数字为小数。

如果电阻器上印有"2.2k"或"2K2"字样，表示电阻值为 $2.2k\Omega$。5M0 表示电阻值为 $5.0M\Omega$，如图 1-20 所示。

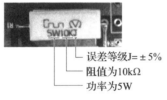
　误差等级J= ± 5%
　阻值为10kΩ
　功率为5W

表示电阻值为5.0MΩ

图 1-19　电阻直标法示例　　　图 1-20　电阻文字符号法标示示例

（3）数码标示法　数码标示法是在电阻体的表面用 3~4 位整数或两位数字加 R 字表示标称值的方法。该方法常用于贴片电阻，如图 1-21 所示。

1）三位数字标注法：前两位是有效数字，第三位表示 0 的个数。例如：标注为 331 的电阻，其阻值为 $33 \times 10^1 = 330\Omega$。

2）四位数字标注法：前三位是有效数字，第四位表示 0 的个数。例如：标注为 1001 的电阻，其阻值为 $100 \times 10^1 = 1k\Omega$。

3）两位数字加 R 标注法：若电阻阻值小于 10Ω 则用"R"表示，且 R 代表小数点。例如：标注为 6R8 的电阻，其阻值为 6.8Ω；若标注为 R22，则阻值为 0.22Ω。

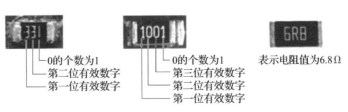
　0的个数为1　　　　0的个数为1　　　表示电阻值为6.8Ω
　第二位有效数字　　第三位有效数字
　第一位有效数字　　第二位有效数字
　　　　　　　　　第一位有效数字

图 1-21　数码标示法示例

（4）色标法　色标法是目前国际上普遍流行的电阻值标示方法。它将不同颜色的色环涂在电阻上来表示电阻的标称值及允许误差，色环电阻中最常见的是四环电阻和五环电阻。色环电阻读数示例如图 1-22 所示。

色环电阻识读技巧：识读色环电阻的关键点是找准电阻的首环，一般离端部近的为首环。端头任一环与其他较远的一环为最后一环即误差环。金色、银色环在端头的为最后一环（误差环）。黑色环在端头为倒数第二环，并且末环为无色环。紫色、灰色、白色环一般不会是倍乘数，即不大可能为倒数第二环。

色环电阻识读示例：如图 1-22 所示，四环电阻的颜色为黄、紫、黑、金，表示电阻的大小为 $47 \times 10^0 = 47\Omega$，误差为 $\pm 5\%$；五环电阻颜色为橙、橙、黑、橙、棕，表示电阻的大小为 $330 \times 10^3 = 330\mathrm{k}\Omega$，误差为 $\pm 1\%$。

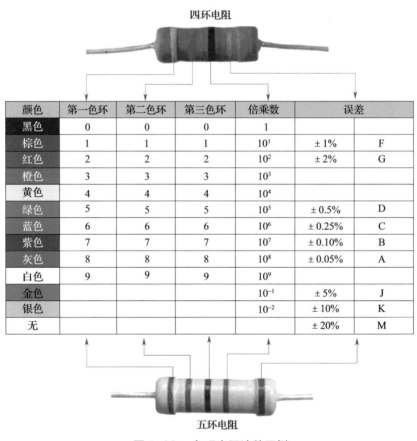

四环电阻

颜色	第一色环	第二色环	第三色环	倍乘数	误差	
黑色	0	0	0	1		
棕色	1	1	1	10^1	$\pm 1\%$	F
红色	2	2	2	10^2	$\pm 2\%$	G
橙色	3	3	3	10^3		
黄色	4	4	4	10^4		
绿色	5	5	5	10^5	$\pm 0.5\%$	D
蓝色	6	6	6	10^6	$\pm 0.25\%$	C
紫色	7	7	7	10^7	$\pm 0.10\%$	B
灰色	8	8	8	10^8	$\pm 0.05\%$	A
白色	9	9	9	10^9		
金色				10^{-1}	$\pm 5\%$	J
银色				10^{-2}	$\pm 10\%$	K
无					$\pm 20\%$	M

五环电阻

图 1-22　色环电阻读数示例

1.2.2　电容（器）

1. 电容的作用

电容器（简称电容）是由两个相互靠近的金属电极板，以及中间一层电介质构成的。它也是组成电子电路的主要元件，在电路中常起滤波、耦合、振荡、调谐、旁路、通交隔直（通交流电、隔断直流电）等作用。

电容在电路中常用字母"C"（电容器英文 Capacitor 的首字母）表示，电路符号如图 1-23 所示。电容的单位有：法拉（F）、微法（μF）、纳法（nF）、皮法（pF）。它们的换算公式为 $1F=10^{6}\mu F=10^{9}nF=10^{12}pF$。

a）普通电容　b）电解电容　c）可变电容　d）微调电容

图 1-23　电容的电路符号

2. 电容的种类

电容的种类很多，按结构分为固定电容、可变电容、微调电容；按介质材料分为铝电解电容、钽电解电容、瓷介电容、涤纶电容、云母电容、聚碳酸酯薄膜电容等；按安装方式分为直插电容和贴片式电容；按极性分为无极性电容和有极性电容。电解电容是有极性的，其正负极通常有明显的标志，更换该类型元件时，应注意极性，如极性错误会导致元件损坏。常见电容种类如图 1-24 所示。

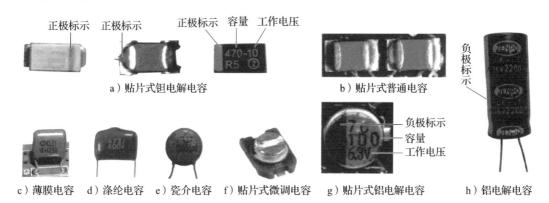

a）贴片式钽电解电容　　b）贴片式普通电容

c）薄膜电容　d）涤纶电容　e）瓷介电容　f）贴片式微调电容　g）贴片式铝电解电容　h）铝电解电容

图 1-24　常见电容种类

3. 电容数值的标示法

固定电容器的参数很多，但在实际使用时，一般只考虑工作电压、电容量和允许误差。工作电压也称耐压，是指电容器在连续使用中所能承受的最高电压。电容器储存电荷的能力叫作电容量，简称容量。允许误差为实际电容量对于标称电容量的最大允许偏差范围。

电容的识别方法与电阻的识别方法基本相同，有直标法、文字符号法、数码标示法、色标法。

（1）直标法　直标法是将电容的标称容量、耐压及允许误差直接标在电容体上，如图 1-25 所示。

（2）文字符号法　该标记方法由数字和字母两部分来表示，其中，字母可当成小数点，由数字和字母两者共同决定该电容的容量。例如：标注为 6n8 的电容，容量为 6.8nF，如图 1-26 所示；标注为 p33 的电容，容量为 0.33pF；标注为 2μ2 的电容，容量为 2.2μF。

図 1-25　电容直标法示例　　　　図 1-26　电容文字符号法示例

（3）数码标示法　数码标示法一般用三位数字来表示容量的大小，前两个是有效数字，第三个是倍数（第三个数中 0~8 分别表示 10^0~10^8，9 表示 10^{-1}，单位为 pF）。例如：229 表示 22×10^{-1}=2.2pF；103 表示 10×10^3=10000pF；224 表示 22×10^4=220000pF= 0.22μF，如图 1-27 所示。

図 1-27　电容数码标示法示例

（4）色标法　电容的色标法与电阻器的色标法规定相同，其基本单位为 pF，一般有三条色环，前两环为有效数字，第三环为倍率。

1.2.3　电感（器）

1. 电感的作用

电感元件（简称电感）是一种能够存储磁场能的电子元件，又称电感线圈。将绝缘导线一圈一圈地绕在绝缘管上就得到了一个电感线圈。电感也是电子电路重要的元件之一，它具有通直流、阻交流、通低频、阻高频的特性，主要用于调谐、振荡、耦合、扼流、滤波、陷波、偏转等电路。

电感在电路中用 "L" 来表示，符号为 "$\underline{}\!\mathrm{mmm}$"。电感的单位有：亨（H）、毫亨（mH）、微亨（μH）和纳亨（nH）。

上述单位的换算公式为 1H=10^3mH=10^6μH=10^9nH。

2. 电感的种类

电感的种类很多，按其电感值是否可调可分为固定电感（器）和可变电感（器）；

按安装方式可分为贴片式电感、插件式电感（如色环电感）；按结构可分为空心电感、磁心电感和铁心电感（如绕线电感）等；按功能可分为振荡电感、扼流电感、耦合电感、校正电感和偏转电感等。常见电感种类如图 1-28 所示。

a）色环电感　　b）空心电感　　c）绕线电感　　d）扼流电感　　　　e）贴片式电感

图 1-28　常见电感种类

贴片式电感外观上与贴片式电容比较相似，区分的方法是贴片式电容有多种颜色，如褐色、灰色、紫色等，而贴片式电感只有黑色一种颜色。

3. 电感数值标示法

电感的识别方法也有四种，即直标法、文字符号法、数码标示法、色标法。

表示220μH的电感

图 1-29　电感直标法示例

（1）直标法　直标法是将电感的标称电感量用数字和文字符号直接标在电感体上，如图 1-29 所示。

（2）文字符号法　文字符号法是将电感的标称值和偏差值用数字和文字符号按一定的规律组合标在电感体上，如图 1-30 所示。采用文字符号法表示的电感通常是一些小功率电感，单位通常为 nH 或 μH。

（3）数码标示法　数码标示法是用三位数字来表示电感量的方法，常用于贴片式电感上。三位数字中，前两位为有效数字，第三位数字表示有效数字后面所加 0 的个数。注意，用这种方法读出的电感量，默认单位为 μH。例如：标示为"151"的电感为 $15 \times 10^1 = 150 \mu H$，如图 1-31 所示。

表示6.8μH的电感　　表示0.75μH的电感　　表示150μH的电感　　表示15μH的电感

图 1-30　电感文字符号法示例 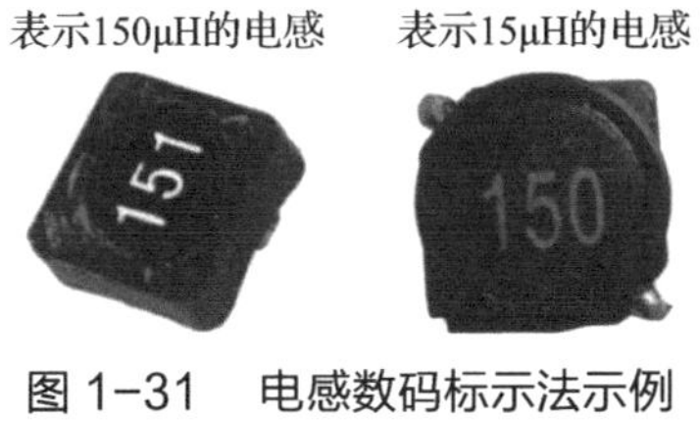　　　　图 1-31　电感数码标示法示例

（4）色标法　色标法是在电感表面涂上不同的色环来代表电感量（与电阻类似），通常用三个或四个色环表示。识别色环时，紧靠电感体一端的色环为第一环，露出电感体本色较多的另一端为末环。其第一色环是十位数，第二色环为个位数，第三色环为应乘的倍数。

例如：色环颜色分别为绿、蓝、金的电感的电感量为 5.6μH，如图 1-32 所示。用这种方法读出的色环电感量，默认单位为 μH。

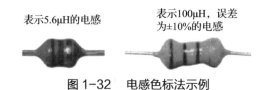

表示5.6μH的电感　　　表示100μH，误差为±10%的电感

图 1-32　电感色标法示例

色环电感与色环电阻的外形相近，使用时要注意区分，通常色环电感外形短粗，而色环电阻通常外形细长。

1.3　半导体与集成电路

1.3.1　半导体

半导体是指电导率处于强导电性金属与绝缘体之间的材料。

半导体元件主要由硅（Si）和砷化镓（GaAs）等半导体材料制成。尤其在半导体技术初期，作为生产晶体管原材料的锗（Ge），由于其边界层温度较低（75℃），因此在今天使用的意义已经不大。

硅晶体内部是由单个硅原子构成的固态结构。每个原子的外部电子壳内都有 4 个电子，称为价电子。原子各个方向上都有一个价电子与相邻元素的相应电子相连，与其形成稳定的电子化合物，如图 1-33 所示。每个原子都以这种方式同相邻电子形成 4 个稳定的电子化合物。

因此，纯硅在固态形式下形成晶格，其电阻较高，是一种不良导体。为了有目的地影响或控制半导体的电导率，加入更高或更低化合价的杂质，可提高纯硅晶体的电导率。硅晶格结合外部原子的过程称为"掺杂"。

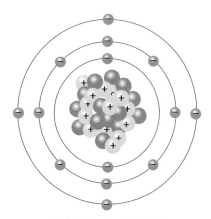

图 1-33　硅原子结构

在室温条件下半导体的导电性很低。半导体受到热、光、电压形式的能量或磁能影响时，其电导率就会发生变化。

由于半导体对压力、温度和光线很敏感，因此它也是理想的传感器材料。

1.3.2　二极管

通过 P 型半导体和 N 型半导体结合形成的元件称为半导体二极管，简称二极管。半导体晶体的塑料或金属壳体用于防止其机械损坏。二极管实物如图 1-34 所示。二极管在电路中用字母"D"表示。

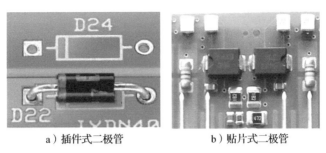

a）插件式二极管　　　　　b）贴片式二极管

图 1-34　二极管实物

两个半导体层向外导电，阳极为至 P 层的触点，阴极为至 N 层的触点。在电路图中使用图 1-35 所示的电路符号，电路符号中的箭头表示流通方向。

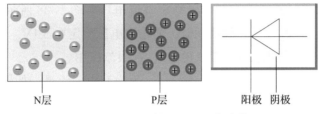

N层　　　　　　　P层　　　　　阳极　阴极

图 1-35　二极管的结构和电路符号

二极管的作用就像一个电子管，因此可以作为用于交流电流整流的元件。如果在阳极上施加正电压，阳极就会切换到流通方向，电流流过二极管。为了防止电流造成二极管损坏，可以通过负载电阻限制电流。如果在阳极上施加负电压，则会使其切换到阻隔方向，没有电流经过二极管。

阻隔方向上的电压过高时可能导致二极管损坏。

为区分二极管的两个接头，正极侧常通过一个圆圈或一个点标记出来。

在汽车电子电路中，二极管既可以作为独立元件使用，也可以在控制单元中的集成电路内使用。

二极管特性曲线如图 1-36 所示，从反向的特性曲线看出，实际上几乎没有电流（几微安）流过。反向电流随温度的增加而增加。反方向的电压称为反向电压，简称 U_R。它的电压范围为几百到几千伏，不得超出最高反向电压，否则二极管将呈导通状态，流过的电流会导致二极管损坏。

半导体二极管可以让电流朝一个方向流动，而在另一个方向则阻碍电流的流动。它起到电流阀

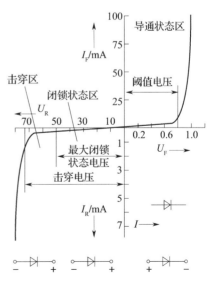

图 1-36　二极管特性曲线

门的作用。因此半导体二极管是一种用于交流电整流的有效元件，其电路应用原理如图 1-37 所示，其中，1 为加电容滤波后的波形，2 为未滤波输出的波形。

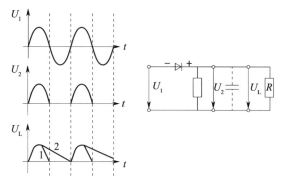

图 1-37　半导体二极管电路应用原理

使用稳压二极管（Z 二极管）可以稳定直流电压。图 1-38 所示为 Z 二极管电路，它能够在输入电压于 12~15V 之间摆动时，使输出电压稳定在 5.1V。此电路表示 Z 二极管工作于反向（反向偏置电路）。串联电阻 R_V 起限流作用。

只要输入电压达不到 Z 电压（U_Z=5.1V），就没有电流流过。如果输入电压 U_E 增加到 12~15V，Z 二极管开始导通。在输出处输出恒定的 5.1V 电压，其余的电压降在串联电阻 R_V 上。

切换电流时，线路电感会产生干扰电压峰值，即短时出现的高电压，必须滤掉这些电压峰值，因为在控制单元中可能会对它们进一步处理，这些电压也可能造成元件损坏。稳压二极管在 6V 的击穿电压处限制正向电压峰值。因为稳压二极管正向偏置，即在流动方向导通，所以负向干扰电压被限制在 0.7V 以内，如图 1-39 所示。

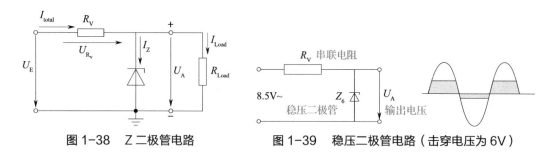

图 1-38　Z 二极管电路　　　　图 1-39　稳压二极管电路（击穿电压为 6V）

1.3.3　晶体管

1. 晶体管基本概念

晶体管是一种电流控制电流的半导体器件。它是由两个相距很近的 PN 结组成的，是在一块半导体晶片上制造三个掺杂区，形成两个 PN 结，再引出三个电极（三个电极分别称为基极 b、集电极 c 和发射极 e），用管壳封装。晶体管实物图如图 1-40 所示。

a）小功率塑料　　b）小功率金属圆　　c）大功率金属壳　　d）大功率塑料　　e）贴片式晶体管
封装晶体管　　　壳封装晶体管　　　封装晶体管　　　封装晶体管

图 1-40　晶体管实物图

2. 晶体管结构与电路符号

根据两个 PN 结的组合方式不同，晶体管可分为 NPN 型和 PNP 型。取一小块半导体，如果将半导体的中间制成很薄的 P 型区，两边制成 N 型区，即构成 NPN 型晶体管；同理，如果将半导体的中间制成很薄的 N 型区，两边制成 P 型区，即构成 PNP 型晶体管。晶体管在电路中常用字母"Q""V"或"VT"加数字表示，晶体管的结构及电路符号如图 1-41 所示。

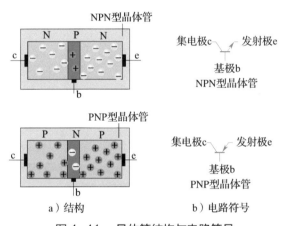

a）结构　　　　　　　　b）电路符号

图 1-41　晶体管结构与电路符号

3. 晶体管的作用

晶体管的主要功能是电流放大和开关。

根据晶体管连接的外部电路条件，晶体管有以下三种工作状态。

1）截止：当 NPN 型晶体管连接成如图 1-42a 所示电路时，基极 b 与发射极 e 电位差小于 0.7V，在这种状态下，晶体管不导通，没有电流流动，称为晶体管的截止状态。

PNP 型晶体管如图 1-42b 所示，当晶体管的 $V_c > V_b$，且 $V_e > V_b$ 时，集电结和发射结都正偏，晶体管工作于饱和状态，此时晶体管的压降为 0.1~0.3V。此时集电极电流基本取决于集电极电源和集电极电阻，与 I_b 无关，相当于一个闭合的开关。

当 $V_c < V_b$、$V_e < V_b$ 时，两 PN 结均反偏，晶体管工作于截止状态。此时晶体管的三个电极均无电流，相当于一个断开的开关。

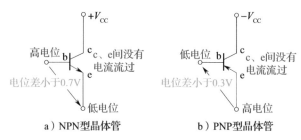

图 1-42　晶体管的截止状态

2）放大：如图 1-43a 所示，当 NPN 型晶体管的基极 b 与发射极 e 电位差大于 0.7V，这种情况称为基极加了正向偏压。在这种状态下，晶体管导通，集电极 c 向发射极 e 有电流流出，而且流过的电流的大小与基极 b 流入的电流成正比，称为晶体管的放大状态。

如果是 PNP 型晶体管时，如图 1-43b 所示，当 PNP 型晶体管的 $V_C < V_B < V_E$ 时，集电结反偏，发射结正偏，发射极电流流入晶体管，基极电流和集电极电流流出晶体管，且集电极电流与基极电流之间成 β 关系，三个电极电流满足 $I_E = I_B + I_C = I_B (1 + \beta I_B)$。也就是说，基极电流可以控制集电极电流，这种控制作用称为晶体管的放大作用。

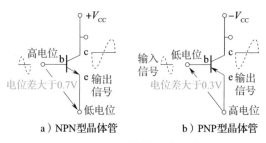

图 1-43　晶体管的放大状态

3）饱和：在放大状态，晶体管 c、e 之间的电流是随着基极 b 的电流增大而增大的。但是，当晶体管的基极电流增加到一定值时，再增大正向偏压，加大基极电流，c、e 之间的电流维持在一个最大值而不再增大了，这种状态称为晶体管的饱和状态。在饱和状态，晶体管 c、e 之间电位差很小，几乎为零，相当于一个开关的两端闭合。在分析汽车电路中，如果遇到晶体管饱和的状态，可认为 c、e 电位相等。

晶体管在汽车电子电路中通常有两种应用：一种是利用晶体管的放大功能，对微弱的传感器信号进行放大后，传给电子控制单元（ECU）；另一种是利用晶体管的截止与饱和两个状态互相变换，作为一个电子开关，控制其他电子元件。

1.3.4　集成电路

集成电路（Integrated Circuit）是一种微型电子元件或部件。采用一定的工艺，把一个电路中所需的晶体管、电阻、电容和电感等元件及布线互连一起，制作在一小块或几小块半导体晶片或介质基片上，然后封装在一个管壳内，成为具有所需电路功能的微型结构。其中，所有元件在结构上已组成一个整体，使电子元件向着微小型化、低功耗、智能化和高可靠性方面迈进了一大步，集成电路如图 1-44 所示。

a）小型集成电路　　　　　　　b）超级集成电路

图 1-44　集成电路

集成电路在电路中用字母"IC"表示，简称芯片或模块，如负责供电功能的电源集成电路叫作"电源 IC""电源模块"或"电源芯片"。在印制电路板（PCB）上，集成电路的编号常以"U"（英文"Unit"的首字母）为初始位，后面加上数字序号，如图 1-45 所示。

如图 1-46 所示，印制电路板上的高通 8155P 芯片是一款智能座舱系统级芯片（SoC），全称是 SA8155P，采用 8 核设计，3 个中核为 Kryo 435，运行频率为 2.1GHz，1 个 Kryo 435 大核，运行频率为 2.4GHz，4 个 Kryo Silver 小核，运行频率为 1.8GHz，1 个 Adreno640 GPU。算力为 8TOPS（也就是每秒运算 8 万亿次），可以最多支持 6 个摄像头，可以连接 4 块 2K 屏幕或者 3 块 4K 屏幕，支持 Wi-Fi6，支持 5G，支持蓝牙 5.0。车机 SoC 可以简单地理解为智能座舱计算机的主机，就好像家用台式计算机的主机，所不同的是，这种 SoC 就相当于一个计算机系统，它集成了中央处理单元（CPU）、图像处理单元（GPU）、信号处理器（DSP）、神经网络处理单元（NPU），以及内存和各类 I/O 接口。

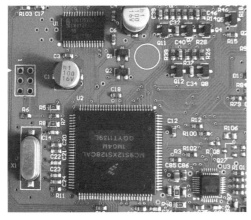
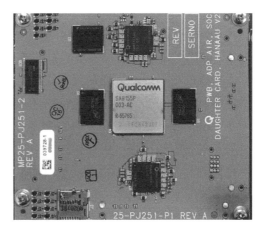

图 1-45　印制电路板上的 IC　　　　　图 1-46　高通 8155P 芯片

集成电路常见的封装形式有以下几种：DIP、SOP、QFP、PLCC、LCCC、PQFN、BGA、CSP，常见的芯片封装形式如图1-47所示。

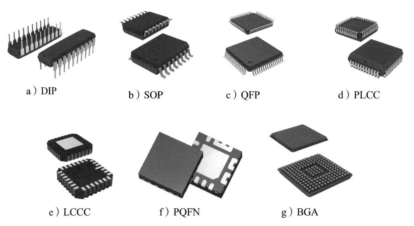

a）DIP　　b）SOP　　c）QFP　　d）PLCC

e）LCCC　　f）PQFN　　g）BGA

图1-47　常见的芯片封装形式

DIP即双列直插封装（Dual In-line Package），集成电路的外形为长方形，在其两侧则有两排平行的金属引脚，称为排针。DIP包装的元件可以焊接在印制电路板电镀的贯穿孔中，或是插入在DIP插座（Socket）上。

小引出线封装（Small Out-Line Package，SOP）是一种表面贴装封装形式，也称为SOL或DFP，封装两侧的引脚呈海鸥翼状（L字形）。

四面扁平封装（Quad Flat Package，QFP）是表面组装集成电路主要封装形式之一，引脚从四个侧面引出，呈翼（L）形，基材有陶瓷、金属和塑料三种。从数量上看，塑料封装占绝大部分。当没有特别表示出材料时，多数情况为塑料QFP。

带引线的塑料芯片载体（Plastic Leaded Chip Carrier，PLCC）是表面贴装型封装之一，它的引脚向内钩回，叫作钩形（J形）电极，PLCC封装的集成电路大多是可编程的存储器。

无引线陶瓷封装载体（Leadless Ceramic Chip Carrier，LCCC）是表面安装器件（SMD）集成电路的一种封装形式，芯片被封装在陶瓷载体上，外形有正方形和矩形两种，无引线的电极焊端排列在封装底面上的四边。

电源四方扁平封装无铅（Power Quad Flat Pack No-Lead，PQFN）类似于LCCC，其I/O引出端子是在塑封外壳侧面和外壳底部或仅在外壳底部，端子通常为镀金电极，在外壳底部带有散热板，这种封装常用于微处理单元、门阵列和存储器。

球阵列封装（Ball Grid Array，BGA）将电极引脚做成球形引脚，把从器件本体四周"单线性"顺序引出的电极变成本体底面之下"全平面"式的格栅阵排列，这样既可以疏散引脚间距，又能够增加引脚数目。球阵列在器件底面可以呈完全分布或部分分布，用再流焊设备焊接时，锡球的高度表面张力导致芯片的自校准效应（也叫"自对中"或"自定位"效应），提高了装配焊接的质量。

芯片尺寸级封装（Chip Scale Package，CSP）是 BGA 进一步微型化的产物，能够做到裸芯片尺寸有多大，封装尺寸就有多大。CSP 可以让芯片面积与封装面积之比超过 1:1.14，已经非常接近于 1:1 的理想情况。在相同的芯片面积下，CSP 所能达到的引脚数明显地要比 SOP、BGA 引脚数多得多。SOP 最多为 304 根引脚，BGA 的引脚极限能达到 600 根，而 CSP 理论上可以达到 1000 根。CSP 也非常薄，金属基板到散热体的最有效散热路径仅有 0.2mm，提升了芯片的散热能力。

1.3.5 印制电路板

印制电路板英文名称为 PCB（Printed Circuit Board），简称电路板。

电路板主要由焊盘、过孔、安装孔、导线、元器件、插接器、填充、电气边界等组成，实体如图 1-48 所示。焊盘用于焊接元器件引脚的金属孔。过孔有金属过孔和非金属过孔，其中，金属过孔用于连接各层之间元器件引脚。安装孔用于固定电路板。导线用于连接元器件引脚的电气网络铜膜。插接器用于电路板之间连接元器件。填充用于地线网络的敷铜，可以有效地减小阻抗。电气边界用于确定电路板的尺寸，所有电路板上的元器件都不能超过该边界。

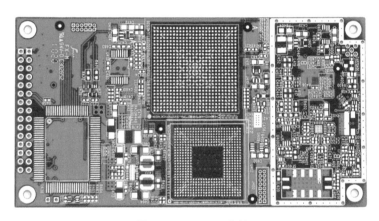

图 1-48　PCB 实体

印制电路板包括许多类型的工作层面，如信号层、防护层、丝印层、内部层、钻孔方位层等。信号层主要用来放置元器件或布线。防护层主要使不需要镀锡的地方不被镀锡，从而保证电路板运行的可靠性。丝印层主要用来在印制电路板上印上元器件的流水号、生产编号。内部层主要作为信号布线层。钻孔方位层主要用于印制电路板上钻孔的位置。

电路板的工作原理是利用板基绝缘材料隔离开表面铜箔导电层，使得电流沿着预先设计好的路线在各种元器件中流动，完成诸如做功、放大、衰减、调制、解调、编码等功能。

按特性，电路板可分为硬板（PCB）、软板（FPC）和软硬结合板（FPCB）。软板又称柔性电路板。柔性电路板是以聚酰亚胺或聚酯薄膜为基材制成的一种具有高度可靠性的绝佳的可挠性印刷电路板。

印制电路板常见的板层结构包括单层板、双层板和多层板三种，结构如图1-49所示。单层板即只有一面敷铜而另一面没有敷铜的电路板。双层板即两个路板，通常称一面为顶层，另一面为底层。一般将顶层作为放置元器件面，底层作为元器件焊接面。多层板包含多个工作层，除了顶层和底层外，还包含若干个中间层，通常中间层可作为导线层、信号层、电源层、接地层等。层与层之间相互绝缘，层与层通过孔来实现连接。

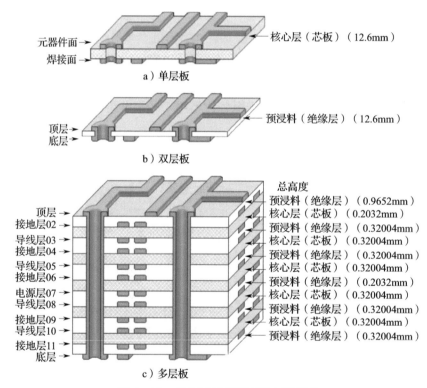

图 1-49　印制电路板常见的板层结构

Prepreg 是 PCB 的薄片绝缘材料。Prepreg 在被层压前未半固化片，又称为预浸材料，主要用于多层板的内层导电图形的黏合材料及绝缘材料。在 Prepreg 被层压后，半固化的环氧树脂被挤压开来，开始流动并凝固，将多层板黏合在一起，并形成一层可靠的绝缘体。

Core 是制作印制电路板的基础材料，又称为芯板，具有一定的硬度及厚度，并且双面包铜。所以，多层板其实就是 Core 与 Prepreg 压合而成的。

1.4　直流电路与交流电路

1.4.1　直流电路

在最简单的情况下，电流流动不随时间而改变，这种电流称为直流电流（DC）。在导体内的准确过程尚不清楚时，人们认定电压电源外部的电流方向为从正极流向负极，这种电流方向称为技术电流方向。虽然当时这种假设已遭到驳斥，但出于实际原因仍保留了原来（历史）的电流方向。因此，即使在今天仍将电路内部的电流方向规定为从正极流向负极。为了了解电流流动机制以及物质的特定电气特性，人们考虑了电荷载体的实际移动情况，在一个闭合电路内，负极排斥自由电荷载体（电子），正极吸引自由电荷载体（电子），因此产生一个从负极流向正极的电子流。该电流方向为物理电流方向，又称为电子流动方向。直流电路电流方向如图 1-50 所示。

一般来说，把蓄电池当作电源的电路就可以看作直流电路，交流发电机输出的交流电压经过整流、变压之后作为电源而构成的电路，也是直流电路。汽车上的低压电器系统都是利用直流电工作的。

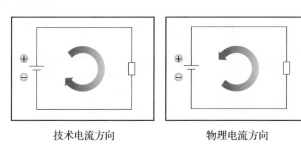

图 1-50　直流电路电流方向

1.4.2　交流电路

除直流电流外还有交流电流（AC）。交流电流是指以周期方式改变其极性（方向）和电流值（强度）的电流，交流电流特征如图 1-51 所示。该定义也适用于交流电压。交流电流的特点是其电流方向呈周期性变化。电流变化频率（通常也称为电源频率）表示每秒钟内电流朝相同方向流动的次数，例如，我国家用电流的频率为 50Hz。通过发电站的发电机产生交流电压 / 交流电流，发电机内的转子旋转 360°，由此产生一个极性变化的电压，即正弦曲线形式的电压。我国的交流电压是 220V 电源，其频率为 50Hz。这相当于发电机内的转子每秒钟旋转 50 圈。

如果在一个电路中直流电源和交流电源可同时起作用，就会产生脉动电流。因此，周期电流是直流电流与交流电流叠加的结果。家用电器和工业电气设备一般使用交流电，电动汽车上的交流牵引电机也使用由 DC/AC 逆变器转换的交流电。

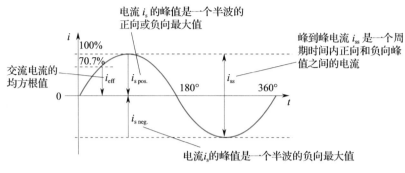

图 1-51   交流电流特征

1.5   模拟信号与数字信号

1.5.1   模拟信号

"模拟"这个概念来源于希腊语（Analogos），表示"类似于"。

模拟显示数据（信息）是指通过直接与数据成比例的连续变化物理常量进行表示，模拟信号特征如图 1-52 所示。模拟信号的特点是，它可以采用 0~100% 之间的任意值，因此该信号为连续变化方式。例如：指针式测量仪表、水银温度计、指针式时钟。

例如在听音乐时，耳朵就会接收到模拟信号（声波连续变化）。电气设备（音响系统、收音机、电话等）以同样的方式通过连续变化的电压表示出这种声音。但当这种电信号由某一设备向另一设备传输时，接收装置接收到的信息与发射装置发送的信息并不完全相同。这是由下列干扰因素造成的：

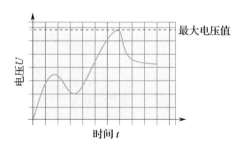

图 1-52   模拟信号特征

1）电缆长度。

2）电缆的线性电阻。

3）无线电波。

4）移动无线电信号。

出于安全技术的原因，在车辆应用方面不会通过模拟方式传输信息。此外，若电压变化太小，则无法显示出可靠值。

1.5.2   数字信号

"数字"这个概念来源于拉丁语"Digitus"，表示手指或脚趾。因此，"数字"就是指可以用几个手指就算清的所有事务，或者更确切地说，就是分为各个独立阶段的所有事务。

数字表示方式就是以数字形式表示不断变化的常量。尤其在计算机内，所有数据都以 "0" 和 "1" 的序列形式表示出来（二进制），在信号电路中，可以用高电平表示 "1"，用低电平表示 "0"，如图 1-53 所示。因此，"数字" 是 "模拟" 的对立形式。

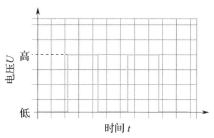

图 1-53　二进制信号特征

数字信号

"Bi" 一词来源于希腊语，表示 "2"。因此，一个二进制信号只能识别两种状态：0 和 1，或高和低。例如：

1）车灯亮起或车灯未亮起。

2）继电器已断开或继电器已接通。

3）供电或未供电。

每个符号、图片甚至声音都由特定顺序的二进制字符构成，例如 10010110。通过这些二进制编码，计算机或控制单元可以处理信息或将信息发送给其他控制单元。

1.5.3　代码和字节

代码就是以一组字符集表示另一组字符集的明确规定。例如莫尔斯电码。该电码的每个字母和数字都通过不同长度的信号序列进行加密。

大家熟悉的求救信号 SOS（Save Our Souls）——拯救我们的生命用莫尔斯电码表示为

短短短	长长长	短短短
S	O	S

代码用于将通过加密形式表示的信息转化为另一种表示形式，但信息内容保持不变。该字符序列随即通过导线以电信号形式从键盘处传输至计算机。计算机将该字符序列正确翻译（解码）为字母 D。该字符序列及其电信号称为设码信息。

计算机中的所有信息都以比特（bit）（二进制数字＝最小的信息单位）为单位进行存储和处理。因此，必须将所有数据（字母、数字、声音、图片等）转换成二进制代码，以便在计算机中进行处理。

最常用的系统和代码用 8bit 表示一个字符。8bit 构成一个字节。因此可以对 256 个字符进行设码。

比字节更大的单位换算系数不是 1000，而是 1024。

1）1 千字节（KB）＝ 2^{10} 字节，即 1024 字节。

2）1 兆字节（MB）＝ 2^{20} 字节，即 1024KB（1 048 576 字节）。

3）1 千兆字节（GB）＝ 2^{30} 字节，即 1024MB（1 073 741 824 字节）。

1.5.4 总线技术

总线技术最早应用在计算机内部。电信号在计算机系统组件、微处理器、存储器与输入／输出之间以并行方式传输。为此而使用的线路称为总线。在计算机系统内，总线分为地址总线、数据总线和控制总线，如图 1-54 所示。

信息并行传输需要带宽较大的线路系统，传输率（速度）较高。信息通过计算机系统外的串行总线线路传输，即在控制单元之间传输。

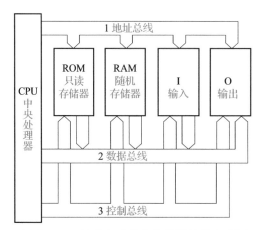

图 1-54　计算机系统内总线线路的示意图

接口负责建立计算机与周围环境（其他设备）之间的连接。为了通过接口正确传输数据，所有设备必须使用相同的硬件和软件。不同设备的接口连接方式如图 1-55 所示。

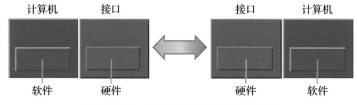

图 1-55　不同设备的接口连接方式

如果无法满足这些前提条件，则由一个网关（控制单元）来完成。

通过接口连接不同设备时有两种连接方式：点对点连接与多点连接。

点对点连接仅适用于在一条传输路径上连接两个设备。多点连接时可在同一传输路径上连接两个以上的设备。为此必须为各设备分配明确的代码（地址），以便设备能够有针对性地做出响应。将传输路径的控制功能主要分配给其中一个设备。该设备变为主控控制单元。其他设备都具有副控功能。

1.5.5 数据传输方式

根据发送装置向接收装置传输信息时各字节的方式，数据传输方式分为并行和串行传输形式。

　　进行并行数据传输时，发送装置向接收装置同时（并行）传输 7~8 位数据。以并行形式传输数据时，两个设备之间的电缆必须包括 7 或 8 根平行排列的导线（加接地导线）。因此可总结出并行传输的如下特点：位并行、字节串行。需要较高的传输速度时，通常使用这种传输方式。但是由于插接装置和电缆方面的费用较高，因此只能在传输路径较短时采用并行传输方式。例如：PC 打印机（现在已经使用串行 USB 接口）、PC 的硬盘（现也已经使用串行 SATA 接口）。并行传输方式如图 1-56 所示，其中，MSB 表示最高值数位，LSB 表示最低值数位。

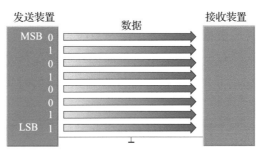

图 1-56　并行传输形式

　　串行接口主要用于在数据处理设备之间进行数字通信。在一根导线上以 bit 为单位依次（连续形式）传输所需数据。这种传输方式的优点是降低了布线的时间和成本。以 bit 为单位依次传输数据的缺点是延长了传输时间。一个 8 位并行接口可在一个时间单位内传输一个数据字节，而一个串行接口至少需要 8 个单位时间才能传输相同字节的数据。不过，传输距离越长就越能体现出串行传输的优势。串行传输形式如图 1-57 所示。

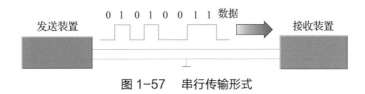

图 1-57　串行传输形式

　　满足下列某个或多个条件时大多使用串行接口：传输距离较长，例如控制单元之间；节省单个电缆；对抗干扰能力（屏蔽导线）要求较高；数据量较小。

　　数据的传输速度一般使用比特率，即每秒传递的数据位数（bit/s）。

　　目前车辆上并行数据传输方式多在计算机系统内部线路中使用，而在控制单元外部传输信息则大都以串行方式进行。

　　串行数据传输可以是同步传输或异步传输。

　　同步数据传输时，使用一个共同的时钟脉冲发生器可保持发送装置和接收装置时间管理的同步性。此时只需使用发送装置的时钟脉冲发生器，必须通过一根单独的导线将其节拍频率传送给接收装置。进行同步传输时，通常以信息组形式发送数据，所以必须使接收装置与信息组传输同步化。因此，在信息组起始处发送一个起始符号，在停止处发送一个停止识别符号。同步传输形式如图 1-58 所示。

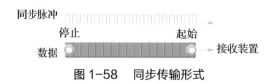

图 1-58　同步传输形式

发送和接收装置之间最常用的时间管理方式是异步传输形式。进行异步数据传输时，发送和接收装置之间没有共同的系统节拍。通过起始位和停止位识别数据组的开始和结束。只有当接收装置确认已接收到之前的数据后，发送装置才会传输后面的数据。这种方式相对较慢。此外，数据传输率还取决于总线长度。

进行异步数据传输时，仅针对字符的持续时间建立并保持发送和接收装置之间的同步性。这种方式又称为起止方式。根据每次达到同步所需的时间，此时的比特率低于同步数据传输时的比特率。

进行异步传输时，每个字符起始处都有一个起始位。接收装置可通过该起始位与发送装置的节拍保持同步。随后发送 5~8 位数据位，并可能发送一个检查位（校验位）。

在导线上发送数据位时，首先发送最低值数位，最后发送最高值数位。此后还有一或两个停止位。这些停止位用于传输两个字符之间的最小停顿。停止位为接收装置创造了接收后面字符的准备时间。

这种由起始位、数据位和停止位构成的单位又称为字符框架。发送和接收装置的传输形式必须一致。也就是说，两个设备内的参数需调节一致，这些参数包括传输速率、奇偶校验检查、数据位的数量、停止位的数量。图 1-59 所示说明了进行异步数据传输时的字符框架结构。

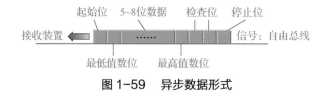

图 1-59　异步数据形式

第2章
汽车电路图识读

2.1 汽车电路组成与类型

2.1.1 汽车电路组成

在汽车电气系统中,一个完整电路一般由电源(蓄电池)、熔丝、继电器、控制器(开关按钮)、用电器(如喇叭、车灯、电机、电磁阀等)与搭铁(接地)组成,如图2-1所示。在电动汽车中,由于存在高压部件,有别于传统的燃油汽车的电路,常常把有高压部件的电路称为高压电路,对应原来燃油汽车那些功能电路(由12V蓄电池提供电源),即低压电路。汽车电路图中常按系统功能划分单个电路,如把电源系统称为配电电路,搭铁部分叫作搭铁电路,车载网络的网关以及各种底盘、动力、高压、娱乐信息总线归于一处称为总线电路。

2.1.2 汽车电路类型

汽车电气系统是汽车的重要组成部分之一,汽车所装备的电气系统,按其用途可大致归纳并划分为四部分,即电源系统(包括蓄电池、发电机及配电器等)、用电系统(按电气性质可分为电动装置如电动门锁、电动车窗、电动座椅等;电热装置如座椅加热、点烟器、除霜器等;电声装置如喇叭、扬声器等;电磁装置如无线充电器、电吸门等)、电控系统(按系统总成可分为动力、底盘、车身电气、智能系统四大类)、网联系统(包括车载网络总线系统、车联网系统、通信网络系统等)。汽车电路系统分类如图2-2所示。

2.1.3 汽车电路图类型

汽车电路图是用国家标准规定的线路符号,对汽车电器的构造组成、工作原理、工作过程及安装要求进行图解说明,也包括图例及简单的结构示意图。电路图中表示的是不同电路相互之间的关系及彼此之间的连接,通过对电路图的识读,可以认识并确定电

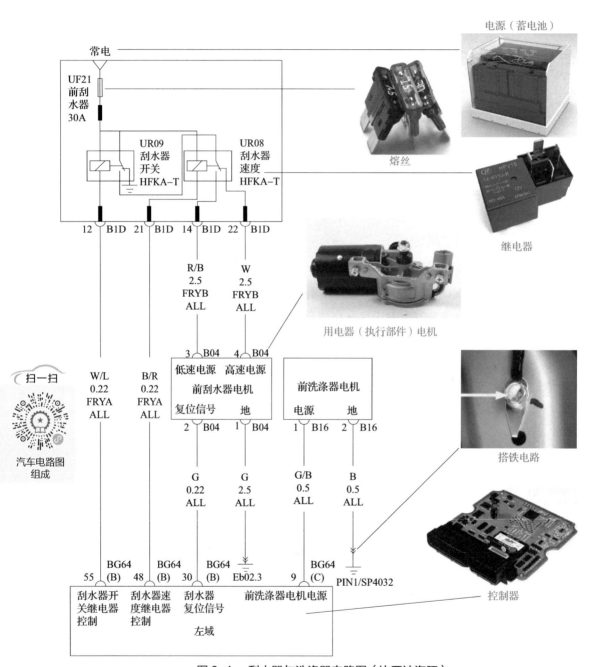

常电

电源（蓄电池）

UF21
前刮
水器
30A

熔丝

UR09
刮水器
开关
HFKA–T

UR08
刮水器
速度
HFKA–T

继电器

12 B1D 21 B1D 14 B1D 22 B1D

R/B
2.5
FRYB
ALL

W
2.5
FRYB
ALL

用电器（执行部件）电机

扫一扫

W/L
0.22
FRYA
ALL

B/R
0.22
FRYA
ALL

3 B04   4 B04

低速电源 高速电源

前刮水器电机

复位信号   地

前洗涤器电机

电源   地

汽车电路图
组成

2 B04   1 B04   1 B16   2 B16

搭铁电路

G
0.22
ALL

G
2.5
ALL

G/B
0.5
ALL

B
0.5
ALL

55
BG64
(B)

48
BG64
(B)

30
BG64
(B)

Eb02.3

9
BG64
(C)

PIN1/SP4032

控制器

刮水器开
关继电器
控制

刮水器速
度继电器
控制

刮水器
复位信号

前洗涤器电机电源

左域

图 2-1　刮水器与洗涤器电路图（比亚迪海豚）

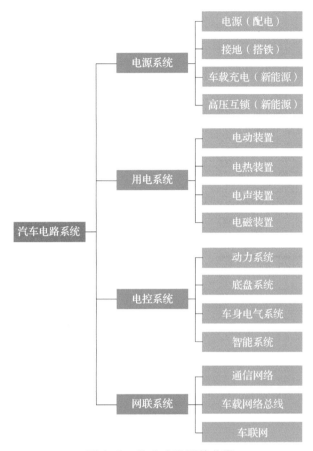

图 2-2　汽车电路系统分类

路图上所画电器元件的名称、型号和规格，清楚地掌握汽车电器系统的组成、相互关系、工作原理和安装位置，便于对汽车电路进行维修、检查、安装、配线等工作。

因为汽车电器元件的外形和结构比较复杂，所以采用国家统一规定的图形符号和文字符号来表示电器元件的不同种类、规格及安装方式。另外，根据汽车电路图的不同用途，可绘制成不同形式的电路图，主要有原理框图、电路原理图和线束分布图。

1. 原理框图

汽车电路比较复杂，为概略表示汽车电器系统或分系统的基本组成及其相互关系和主要特征，常采用原理框图。所谓原理框图是指用符号或带注释的框，概略表示汽车电器基本组成、相互关系及其主要特征的一种简图。原理框图所描述的对象是系统或分系统的主要特征，它对内容的描述是概略的，用来表示系统或分系统基本组成的是图形符号和带注释的框。

原理框图是从总体上来描述系统或分系统的，它是系统或分系统设计初期的产物，是依据系统或分系统按功能依次分解的层次绘制的。车辆进入与安全控制原理框图样式如图 2-3 所示。

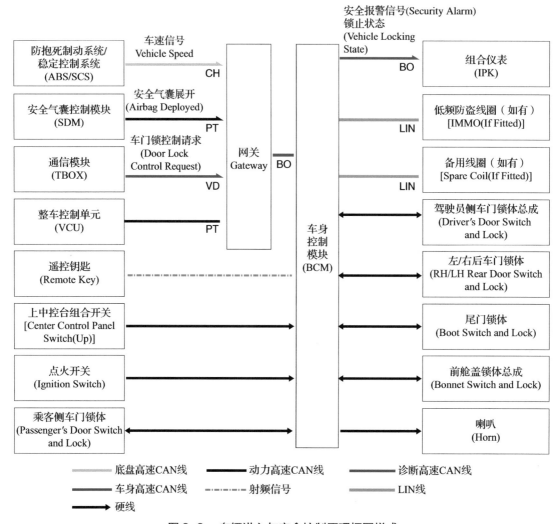

图 2-3　车辆进入与安全控制原理框图样式

2. 电路原理图

为了详细表示实际设备或成套装置电路的全部基本组成和连接关系，便于详细理解作用原理，需要绘制电路原理图（也称电路图或电气线路图）。

电路原理图具有以下的特点：

1）对全车电路有完整的概念。它既是一幅完整的全车电路图，又是一幅互相联系的局部电路图，重点、难点突出，繁简适当。

2）图上建立起电位高低的概念。负极搭铁电位最低，用图中最下面一条导线表示；正极火线电位最高，用最上面的一条导线表示。电流方向基本上是从上到下，电流流向为电源正极→开关→用电器→搭铁→电源负极。

3）尽可能减少导线的曲折与交叉。调整位置，合理布局，图面简洁清晰，图形符号照顾元件外形和内部结构，便于联想分析，易读、易画。

4）电路系统的相互关联关系清楚。发电机与蓄电池间，以及各电路系统之间连接点尽量保持原位，熔断器、开关、仪表的接法与实际电路吻合。

以福特为例，带座椅加热通风电路原理图样式如图 2-4 所示。

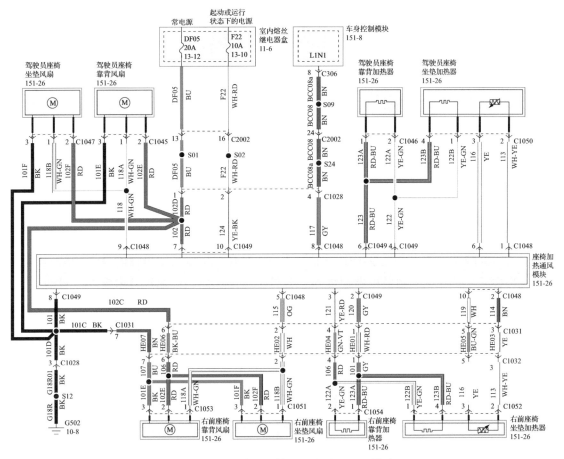

图 2-4　带座椅加热通风电路原理图样式

3. 线束分布图

在汽车上，为了安装方便和保护导线，将同路的许多导线用棉纱编制物或聚氯乙烯塑料带包扎线束，称为线束。

线束分布图是根据电气设备在汽车上的实际安装部位绘制的全车电路图。其中，部件与部件间的导线以线束形式出现，线束图简单明了，接近实际，对使用、维修人员适用性较强。

线束分布图不会详细描述线束内部的导线走向，只将露在线束外面的线头与插接器详细编号，并用字母标定。配线记号的表示方法突出，便于配线，各接线端都用序号和颜色准确无误地标注出来。线束分布图与电路原理图、插接器端子分布图结合起来使用，具有很大的参考价值。所以，现在汽车维修手册中一般都给出电路原理图和线束分布图。以福特为例，座椅线束分布图如图2-5所示。

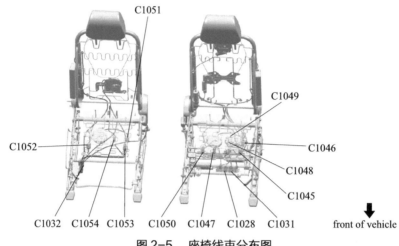

图2-5　座椅线束分布图

4.端子分布图

汽车电脑作为汽车电气系统中一个组成部件存在，不像其他单独的电子产品一样可以通过售后支持找到完整的电路原理图、元件定位图、原理框图等技术资料。目前，大量参考的信息还是根据控制单元端子分布图（也叫作引脚图）和电控系统原理图（接口电路图）来反推控制单元PCB上各接口元件的功能及技术参数，如正常的电压与电阻值、开关状态、输入与输出信号类型等。图2-6所示为大众EA888第三代发动机控制单元端子分布图。

端子分布图既为各连接端子标明了序号，也能根据定位迅速与端子功能及作用对上号。

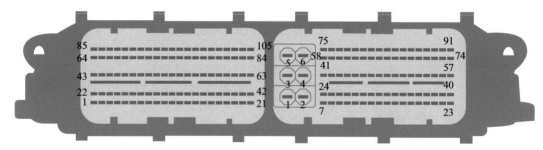

图2-6　大众EA888第三代发动机控制单元端子分布图

2.2　汽车电路表示符号

2.2.1　汽车电路图部件符号

图形符号是用于电气图或其他文件中的表示项目或概念的一种图形、标记或字符，是电气技术领域中最基本的工程语言。因此，为了看懂汽车电路图，需要掌握和熟练地运用它。

图形符号分为基本符号、一般符号和明细符号三种。

基本符号不能单独使用，不表示独立的电器元件，只说明电路的某些特征，如："—"表示直流，"~"表示交流，"+"表示电源的正极，"–"表示电源的负极，"N"表示中性线。

一般符号用以表示一类产品和此类产品特征的一种简单符号，如：⊗表示指示仪表的一般符号，⊠表示传感器的一般符号。一般符号广义上代表各类元器件，另外，它也可以表示没有附加信息或功能的具体元件，如：一般电阻、电容等。

明细符号表示某一种具体的电器元件。它是由基本符号、一般符号、物理量符号、文字符号等组合派生出来的，如：⊗是指示仪表的一般符号，当要表示电流、电压的种类和特点时，将"*"处换成"A""V"，就成为明细符号，Ⓐ表示电流表，Ⓥ表示电压表。

2.2.2　品牌汽车电路图符号

1. 大众（奥迪、斯柯达、西雅特）汽车电路图基本符号

大众（奥迪、斯柯达、西雅特）品牌车型电路符号见表 2-1。

表 2-1　大众品牌车型电路符号

电路符号	实物	电路符号	实物	电路符号	实物
交流发电机		继电器		发光二极管	
压力开关		感应式传感器		电阻	

（续）

电路符号	实物	电路符号	实物	电路符号	实物
机械开关		熔丝		可变电阻	
温控开关		内部照明灯		起动机	
电动机		灯泡		多挡手动开关	车灯开关
按键开关		显示仪表		氧传感器	
电子控制器		电磁阀	喷油器	喇叭	
爆燃传感器		双速电动机	刮水器电动机	蓄电池	
扬声器		插头连接		火花塞和火花塞插头	
点烟器		元件上多针插头连接	发动机控制单元插脚图	点火线圈	
电热元件		电磁离合器	手动开关	接线插座	

2. 通用（别克、雪佛兰、凯迪拉克）汽车电路图基本符号

通用（别克、雪佛兰、凯迪拉克）品牌车型电路表示符号见表2-2。

表 2-2 通用品牌车型电路表示符号

符号	说明	符号	说明	符号	说明
	局部部件。当部件采用虚线框表示时,部件或导线均未完全表示	X100 插座端 12 插头端	直列式线束插接器		扬声器
	完整部件。当部件采用实线框表示时,所示部件或导线表示完整	S100	接头		喇叭
	熔丝	G100	搭铁		麦克风
	断路器		壳体搭铁		单丝灯泡
	易熔线		仪表		双丝灯泡
12	直接固定在部件上的插接器		加热元件		二极管
X100 12	带引出线的插接器		天线		发光二极管
	带螺栓或螺钉连接孔的端子	M	电动机		光电传感器
	电容器		感应型传感器(2线式)		输入/输出双向开关(+/-)
	蓄电池		感应型传感器(3线式)		安全气囊系统线圈
	可调蓄电池		霍尔效应传感器(2线式)		不完整物理接头

（续）

符号	说明	符号	说明	符号	说明
	电阻器		霍尔效应传感器（3线式）		完整物理接头2条线路
	可变电阻器		氧传感器（2线式）		完整物理接头3条或多条线路
	位置传感器		加热型氧传感器（4线式）		导线交叉
	爆燃传感器		屏蔽		绞合线
	压力传感器		开关		临时或诊断插接器
	电磁线圈——执行器		输入/输出下拉电阻器（−）		电路参考
	电磁阀		输入/输出上拉电阻器（+）		电路延长箭头
	离合器		输入/输出高压侧驱动开关（+）		选装件断裂点
	4引脚单刀/单掷继电器（常开）		输入/输出低压侧驱动开关（−）		搭铁电路连接
	5引脚继电器（常闭）				

3. 丰田（雷克萨斯）汽车电路图基本符号

丰田（雷克萨斯）品牌汽车电路表示符号见表2-3。

表2-3　丰田品牌汽车电路表示符号

符号与实物	含义	符号与实物	含义
	蓄电池：存储化学能量并将其转换成电能，为车辆的各种电路提供直流电		点火线圈：将低压直流电转换为高压点火电流，使火花塞产生火花
	电容器：一个临时储存电压的小存储单元		电阻器：有固定阻值的电气元件，安装在电路中以将电压降低到规定值
	二极管：一个只允许电流单向流通的半导体		抽头式电阻器：一种电阻器，可以提供两种或两种以上不同的不可调节的电阻值
	稳压二极管：允许电流单向流动，但只在不超过某一个特定电压时才阻挡反向流动的二极管。超过该特定电压时，稳压二极管可允许超过部分的电压通过。可作为简易稳压器使用		可变电阻器或变阻器：一种可调电阻比的可控电阻器，也被称为电位计或变阻器
	发光二极管：电流流过发光二极管时会发光，但发光时不会像同等规格的灯一样产生热量	单灯丝 双灯丝	前照灯：电流使前照灯灯丝发热并发光，前照灯可以有单灯丝或者双灯丝
	光电二极管：是一种根据光照强度控制电流的半导体		灯：电流流过灯丝，使灯丝变热并发光
	晶体管：可用作电子继电器的一种固态装置；根据在"基极"上施加的电压来阻止或允许电流通过		喇叭：可以发出响亮音频信号的电子装置

（续）

符号与实物	含义	符号与实物	含义
适用中等电流的熔丝	熔丝：一条细金属丝，当通过过量电流时会熔断，可以阻断电流，防止电路受损		扬声器：一种可利用电流产生声波的机电装置
适用于大电流熔丝或易熔丝	易熔丝：这是位于大电流电路中的粗导线，如果电流过载，其将会熔断，从而保护电路		点火开关：使用钥匙操作且有多个位置的开关，可用来操作各种电路，特别是初级点火电路
断路器	断路器：通常指可重复使用的熔丝，有过大的电流经过时，断路器变热并断开；有些断路器在冷却后会自动复位，有些需要手动复位	1.常开 2.常闭	手动开关：打开或闭合电路，从而可阻断（1）或允许（2）电流通过
1.常闭 2.常开	继电器：通常指一个可常闭（如1所示）或常开（如2所示）的电控操纵开关。电流通过一个小型线圈产生磁场，打开或关闭继电器开关		双掷开关：使电流持续流过两组触点中任意一组的一种开关
	双掷继电器：使电流流过两组触点中任意一组触点的一种继电器		模拟表：电流会使电磁线圈接通，引起指针移动，在刻度上提供一个相应的指示数值
电磁阀　喷油器中的电磁阀	电磁阀：电流通过电磁线圈产生磁场以便移动铁心等	FUEL	数字表：电流会激活一个或多个LED、LCD或者荧光显示屏，这些显示屏可提供相关显示或数字显示
	点烟器：一个电阻加热元件	M	电动机：把电能转换成机械能，特别是旋转运动的动力装置

2.2.3　线束与插接器表示符号

在汽车电路中，常见的导线有三种类型：第一种是不带屏蔽的标准线，用于一般电路的连接；第二种是双绞线，这种导线可以靠自身来抗拒外来干扰及相互之间的串音，主要用于如 CAN 总线、音频传输线路；第三种是带信号屏蔽层的屏蔽线，这种导线可以将辐射降低并保持在一个范围内，防止辐射进入导线内部，形成干扰，其应用如音频信号线。三类导线实物与电路表示形式如图 2-7 所示。

a）标准线　　　　　　　b）双绞线　　　　　　　c）屏蔽线

图 2-7　三类导线实物与电路表示形式

汽车线束通过表皮颜色进行区分，有的导线是单色线，有的是双色线，即在一种颜色的基础上，还有一根导线是其他颜色，这样通过不同颜色的组合就可以表示和区分更多信号类别的导线。在电路图中，导线的颜色用颜色名称的缩写（一般为英文首字母）来表示，如图 2-8 所示。除了线色的表示，一般在颜色的附近还有一个数值，这个表示的是线的粗细即导线的截面积大小，单位为平方毫米（mm²）。

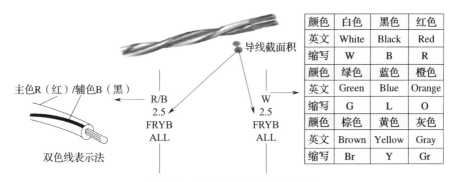

颜色	白色	黑色	红色
英文	White	Black	Red
缩写	W	B	R
颜色	绿色	蓝色	橙色
英文	Green	Blue	Orange
缩写	G	L	O
颜色	棕色	黄色	灰色
英文	Brown	Yellow	Gray
缩写	Br	Y	Gr

图 2-8　线束颜色与粗细表示法

插接器（又称连接器、插接件），由插座和插头两部分组成，用于线束与线束或导线与电气元件之间（如传感器、执行器、控制单元）的相互连接，如图 2-9 所示，是连接汽车电气线路的重要元件。插接器有不同的规格型号、外形和颜色，为了防止插接器在汽车行驶中脱开，所有的

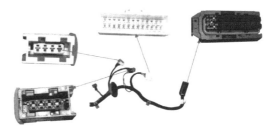

图 2-9　用于汽车线束上的插接器

插接器均采用了闭锁装置，如图 2-10 所示。

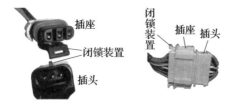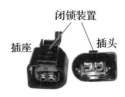

图 2-10　插接器上的闭锁装置

断开插接器时，首先要解除闭锁，使锁扣脱开，才能将其分开，不允许在未解除闭锁的情况下用力拉导线，这样会损坏闭锁装置或连接导线。

汽车电路中插接器的表示见表 2-4。不同国家、不同汽车公司汽车电路图上插接器的图形符号表示方法不尽相同，但方格中的数字都代表插接器各端子号。通常用涂黑表示插头，不涂黑的表示插座；有倒角的表示插头插脚呈柱状，有直角的表示插头插脚为片状。

表 2-4　汽车电路中插接器的表示（以三菱汽车为例）

项目	插头/搭铁	形象图标	内容
端子及插头的表示	凸形端子　凸侧插头	凸形端子　↓　凸侧插头	端子的形象图标中，插入的端子叫凸形端子，被插入的端子叫凹形端子，以图示方法表示并代表不同的应用方式。此外，装有凸形端子的插头叫凸侧插头，装有凹形端子的插头叫凹侧插头，在插头的形象图标中，凸侧插头用双轮廓线、凹侧插头用单轮廓线以图示方法表示并区别使用
	凹形端子　凹侧插头	凹形端子　凹侧插头	
表示插头形象的符号	设备		形象图标如同图示方向所看到的车辆上插头的实际形象。与设备的连接采用设备侧插头形象。中间插头采用凸侧插头形象，备用插头及检测用插头因未装设备，所以采用线束侧插头形象分别予以表示
	中间插头		不过，诊断用插头与上述不同，故详情应参照《MUT-Ⅱ使用说明》或《MUT-Ⅱ标准手册》
	备用插头、检测用插头		

（续）

项目	插头 / 搭铁		形象图标	内容
插头连接方式的表示	直插式 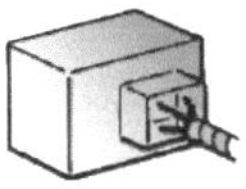			与设备和线束侧插头的连接，分为直接插入设备的方式（直插式）、与设备侧线束插头连接的方式（附属线束式）和中间插的方式，以图示方法表示并代表不同的应用方式
	附属线束式 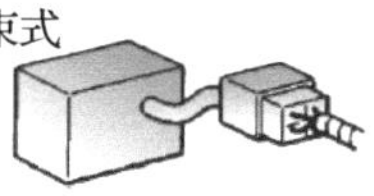			
	中间插 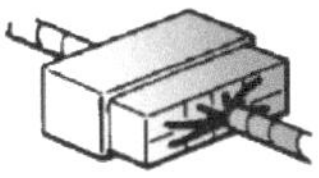			
接地的表示	车体搭铁 			搭铁方法有车体搭铁、设备搭铁及控制装置内搭铁等，各自以图示方法表示，并代表不同的应用方式
	设备搭铁 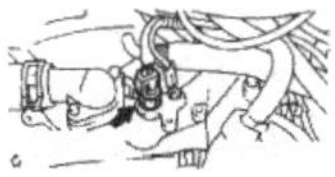			
	控制装置内搭铁 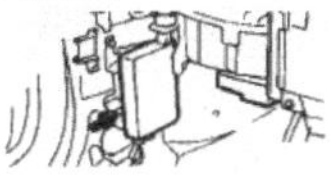			

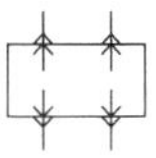

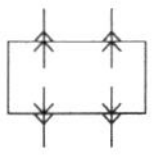

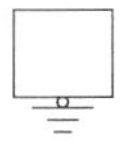

2.3　汽车电路图识读示例

2.3.1　大众（奥迪、斯柯达、西雅特）汽车电路图识读

一个电路就是电气或电子组件（电源、开关、灯泡、马达等）联合而成的一个工作机构。电路的功能通过在闭合回路（电路）中流过部件的电流而实现。

车辆中储能器（蓄电池）、换能器（发电机）和耗能器（电气和电子装置）的联合一般称作车载网络。

电路以电路图或线路图的形式图解显示，并且是电工学中最重要的图形理解工具。

电路图是电气装置通过线路符号（必要时通过插图或简化的结构图）进行图解显示。它显示不同电气装置相互联系和相互连接的方式。电路图是一个电路及其元件的详细显示。在电路图中可以跟踪电流在电路中的流动。电路图中包括所有导线连接、开关、传感器、集成电路、灯泡等。

为了提高简明性，车辆中车载网络的整车电路图被分成具有规定组件（发动机控制、照明、信号装置等）的单元段。电流电路主要从上往下显示。为此，连续的水平电流电路在上面画出长时正极和点火开关正极，在下面画出接地。垂直的电流电路通常按序编号，以便能够确定基准，前后对应。

电路的电气元件在电路图中通过标准化的线路符号显示。这些线路符号用于整个系统的简化显示，但从中可准确地读取全部功能。以大众车系为例，其电路图识读示例如图 2-11 所示。

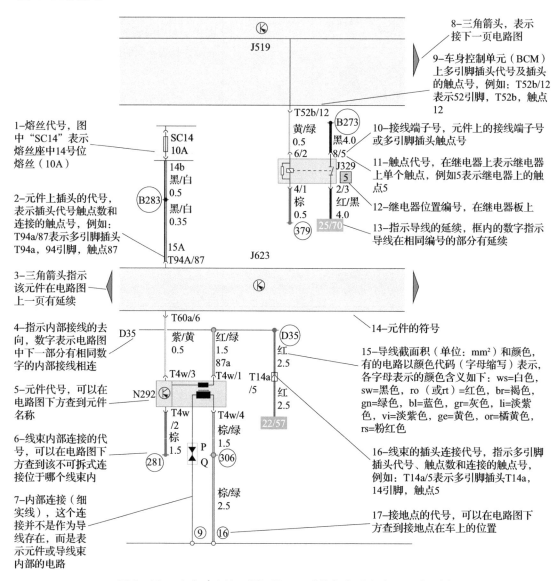

图 2-11　大众（奥迪、斯柯达、西雅特）车系电路图识读示例

2.3.2　通用（别克、雪佛兰、凯迪拉克）电路图识读

通用车系电路图识读说明如图 2-12 所示。

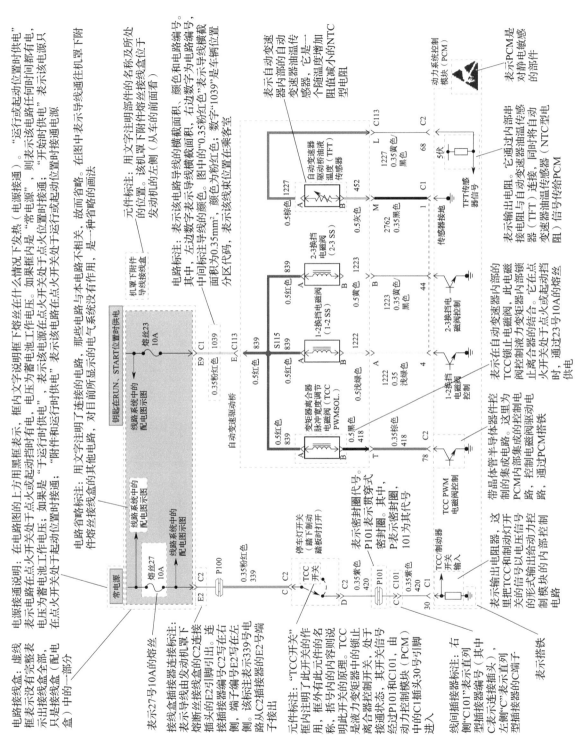

图 2-12　通用车系电路图识读说明

2.3.3 丰田（雷克萨斯）汽车电路图识读

丰田（雷克萨斯）汽车电路图识读说明如图 2-13 所示。

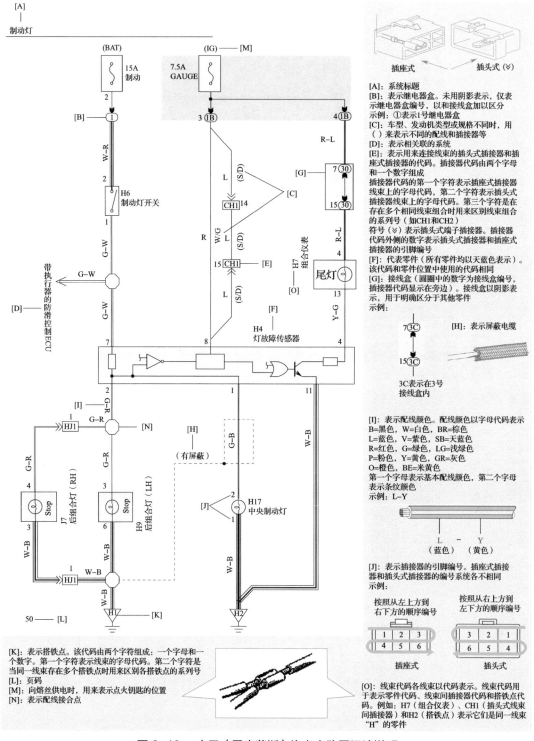

图 2-13　丰田（雷克萨斯）汽车电路图识读说明

第 3 章
汽车电脑概述

3.1 汽车电控系统

3.1.1 汽车电控系统构成

汽车电子控制系统由传感器、执行器和电子控制单元（ECU）组成。传感器将采集的各类状态信息、运行数据输送给 ECU，ECU 通过处理计算输出控制指令给执行器，由此控制整个系统的有序运作。汽车电控系统组成与关系如图 3-1 所示。

图 3-1　汽车电控系统组成与关系

扫一扫

汽车电控系统
组成要素

传感器和执行器是控制系统的重要组成部分，它们性能的好坏直接影响发动机或汽车的性能。ECU 根据传感器采集的信息，按照一定的控制策略输出信号，控制执行器工作。在汽车电控系统中，ECU 俗称为"汽车电脑"。

1. 输入处理电路

ECU 的输入信号主要有三种形式：模拟信号、数字信号（包括开关信号）、脉冲信号。

模拟信号通过 A/D 转换器转换为数字信号，提供给微处理器。控制系统要求模拟信号转换具有较高的分辨率和精度（>10 位）。为了保证测控系统的实时性，采样间隔一般要求小于 4ms。

数字信号需要通过电平转换，得到计算机接收的信号。对超过电源电压、电压在正负之间变化、带有较高的振荡和噪声、带有波动电压等输入信号，输入电路也对其进行转换处理。

2. 微处理器

微处理器首先完成传感器信号的 A/D 转换、周期脉冲信号测量和其他有关汽车行驶状态信号的输入处理，然后计算并控制所需的输出值，按要求适时地向执行机构发送控制信号。过去微处理器多数是 8 位和 16 位的，也有少数采用 32 位的。现在多用 16 位和 32 位微处理器。

3. 输出处理电路

微处理器输出的信号往往用作控制电磁阀、指示灯、步进电机等。

微处理器输出信号功率小，使用 +5V 的电压，汽车上执行机构的电源大多数是蓄电池，需要将微处理器的控制信号通过输出处理电路处理后再驱动执行机构。

输入电路接收传感器和其他装置输入的信号，对信号进行过滤处理和放大，然后转换成一定的输入电平。从传感器送到 ECU 输入电路的信号既有模拟信号，也有数字信号，输入电路中的 A/D 转换器可以将模拟信号转换为数字信号，然后传递给微处理器。微处理器将上述已经预处理过的信号进行运算处理，并将处理数据送至输出电路。输出电路将数字信息的功率放大，有些还要还原为模拟信号，使其驱动被控的调节伺服元件工作。ECU 的结构与工作原理如图 3-2 所示。

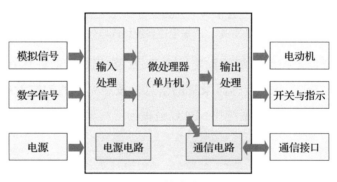

图 3-2　ECU 的结构和工作原理

3.1.2　汽车电控系统分类

从应用层面来看，汽车电子可以分为汽车电子控制系统（Electronic Control Systems）和车载电子装置（Electronic Devices）两大类。汽车电子控制系统一般与机械装置配合使用，直接影响汽车的整车性能、安全性和舒适性。车载电子装置一般不直接影响汽车的运行性能，而是通过提高智能化、信息化和娱乐化程度来增加汽车附加值。按不同系统功能取向不同，汽车电控系统分类见表 3-1。

表 3-1　汽车电控系统分类

汽车电子控制系统			车载电子装置
动力传动总成控制系统	底盘电子控制系统	车身电子控制系统	
发动机管理系统 自动变速器控制系统 动力总成控制系统 自动巡航控制系统	电控悬架系统 电控动力转向系统 四轮转向系统 防抱死制动系统 牵引力控制系统 驱动防侧滑系统 车身电子稳定系统 轮胎压力监测系统 碰撞警示与预防系统	电控安全带 安全气囊 电动门窗 电动座椅 电动后视镜 自动照明系统 自动空调系统 自动刮水器系统 智能防盗系统 倒车雷达 疲劳监视报警系统 红外夜视系统	全球定位系统 汽车导航系统 汽车扬声器 车载收音机 电子组合仪表 抬头显示器 车载 TV/DVD/VCD 车载通信系统 车载计算机 后座娱乐系统 自动驾驶系统

3.2　汽车电脑

3.2.1　汽车电脑内部结构

汽车电脑在汽车上有多种称呼，如电子控制单元或发动机控制单元（ECU）、电子控制模块（ECM）、控制器（CN）等。

汽车电脑是按照预定程序自动地对各种传感器的输入信号进行处理，然后输出信号给执行器，从而控制汽车运行的电子设备。

目前汽车电脑已经得到了广泛的应用，例如车身电脑、发动机电脑、变速器电脑以及 ABS 电脑等。虽然不同车型上配置的电脑数量和类型不尽相同，但总的发展趋势是用一台主控制单元处理大多数传感器的输入信号，用一些较小的电子控制单元控制其他系统。

汽车电脑的主要部分是单片机，单片机是一块集成了微处理器（CPU）、存储器以及输入和输出接口的电路板。微处理器是单片机的核心部件，微处理器将输入模拟信号转化为数字信号，并根据存储的参考数据进行对比处理，计算出输出值，输出信号经过功率放大后控制执行器，例如喷油器和继电器等。随着单片机计算能力和内存容量越来越大，汽车电脑的功能也越来越多。图 3-3 所示为三菱 4G64 发动机电脑电路板元件分布图。

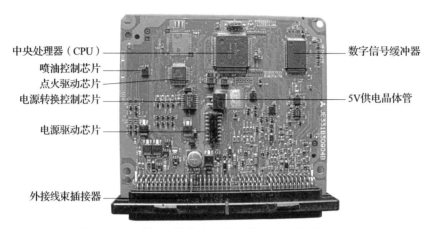

图 3-3　电路板元件分布图（三菱 4G64 发动机电脑）

3.2.2　汽车电脑工作原理

汽车电脑的工作过程分为输入转换、信号处理、输出转换三个主要步骤，其原理框图如图 3-4 所示。

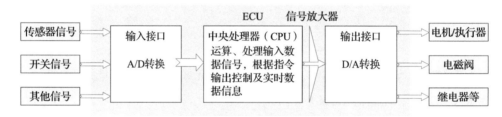

图 3-4　汽车电脑工作原理框图

1）信号过滤和放大：输入电路接收传感器和其他装置的输入信号，并对信号进行过滤和放大。输入信号放大的目的是使信号增加到汽车电脑可以识别的程度，某些传感器，例如氧传感器，产生一个小于 1V 的低电压信号，只能产生极小的电流，这样的信号送入汽车电脑内的微处理器之前必须放大，这个放大作用由汽车电脑中输入芯片中的放大电路来完成。

2）A/D 转换：由于很多传感器产生的是模拟信号，而微处理器处理的是数字信号，所以必须把模拟信号转换为数字信号，这项工作由输入芯片中的 A/D 转换器完成。A/D 转换器以固定的时间间隔不断对传感器的模拟输入信号进行扫描，并对模拟信号赋予固定的数值，然后将这个固定值转换成二进制码。在一些汽车电脑中，输入处理芯片和微处理器制成一体。

3）微处理器将已经预处理过的信号进行运算，并将处理后的数据送至输出电路。输出电路将数字信号放大，有些还要还原为模拟信号，以驱动执行元件工作。

随着汽车电子化和自动化程度的提高，汽车电脑将越来越多，这样必将导致车身线束日益复杂。为了实现多个汽车电脑之间的信息快速传递、简化电路以及降低成本，汽车电脑之间要采用通信网络技术连成一个网络系统。例如，变速器需要与发动机协调配合，根据车速、发动机转速以及动力负荷等因素自动进行换挡，因此变速器电脑需要得到节气门位置传感器、车速传感器、水温传感器以及发动机转速传感器等信号，这就要实现变速器电脑与发动机电脑之间的信息传递，这个工作通常是由 CAN 总线来完成的。

3.2.3 汽车电脑的特点

汽车需要在不同的道路和气候条件下行驶，汽车电脑的工作环境较差，经常需要承受振动以及温度和湿度的变化。汽车电脑的电源电压变化较大，而且还受到车内外电磁波的干扰，因此汽车电脑需要很高的可靠性和对环境的耐久性。

汽车电脑必须足够智能化，具有自诊断和检测能力，能及时发现系统中存在的故障，并存储故障码，告知维修人员故障可能存在的部位，以便于维修。例如，安全气囊在关键时刻必须要及时、正确、迅速地打开，但在大多数时候气囊是处于待命状态，因此，安全气囊电脑必须具有自检能力，不断确认气囊系统是否正常工作。

除少数例外，大多数汽车电脑都使用 5V 电源驱动其传感器。在电子工业中，5V 电压几乎普遍作为传送信息的标准。这个电压对传送可靠性来说已经足够高，而对电脑芯片的安全性来说足够低，而且使用计算机工业标准电压，对于汽车制造商来说会使电子零部件制造规范而且成本低。

第4章
汽车发动机电控系统

4.1 汽油发动机电控系统

4.1.1 系统线束与电脑插接器分布

以宝马 N55 发动机为例，安装在发动机上的数字式发动机电子系统（DME）为首次使用。DME 通过法兰安装在进气装置上，由进气进行冷却，如图 4-1 所示。

DME 靠近发动机有以下优点：发动机导线束按六个模块划分；发动机上的所有电气组件直接通过 DME 供电；取消了电控箱；有 211 个引脚可供使用，插接接口采用防水设计。

扫一扫

发动机电控系统组成与原理演示

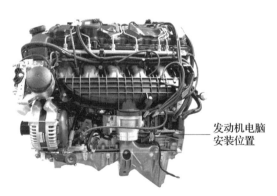

发动机电脑
安装位置

图 4-1　发动机线束铺设

N55 发动机使用 Bosch 公司的发动机管理系统 MEVD17.2。MEVD17.2 集成在进气装置内，由进气进行冷却。MEVD17.2 可利用 FlexRay 总线工作且直接为传感器和执行机构供电。DME 壳体上侧也是进气装置的下部部件。进气管范围内的壳体上有一个凸起轮廓，从而确保进气装置内空气以最佳方式通过。处于插接状态时，导线束与 DME 之间的插接器可防水。电控模块线束连接端子分布如图 4-2 所示。

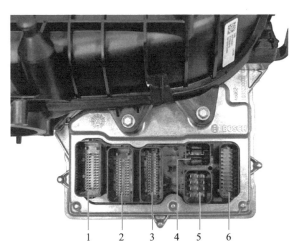

图 4-2　电控模块线束连接端子分布

1—传感器接口 2　2—传感器接口 1　3—车辆导线束接口　4—Valvetronic 控制接口
5—供电模块接口　6—喷射和点火装置接口

4.1.2　发动机控制单元功能

燃油压力传感器根据燃油泵与高压泵之间的系统压力将一个电压信号输出给 DME 控制单元。燃油压力传感器测量高压泵前的系统压力（燃油压力）。DME 控制单元不断比较规定压力与实际压力。

规定压力与实际压力出现偏差时，发动机控制单元提高或降低电动燃油泵（EKP）的电压，该电压以总线信息形式通过 PT-CAN 发送给 EKP 控制单元。

EKP 控制单元将该信息转换为用于电动燃油泵的输出电压，借此调节发动机（或高压泵）所需的供给压力。信号失灵时（燃油压力传感器），在总线端 15 接通的情况下预先控制电动燃油泵运行。CAN 总线失灵时，EKP 控制单元以车载网络电压驱动电动燃油泵。高压泵将燃油压力范围提高到 50~200bar（$1bar=10^5Pa$）。燃油通过高压管路到达共轨处。燃油暂时存储在共轨内并分布在喷射器上。

共轨压力传感器测量共轨内的当前燃油压力。高压泵内的燃油量控制阀开启时，所输送的剩余燃油再次进入高压泵内的供给通道。高压泵失灵时车辆行驶可能受到限制。

燃油量控制阀控制共轨内的燃油压力。发动机管理系统利用脉冲宽度调制信号控制燃油量控制阀。节流口开度取决于脉冲宽度，从而针对发动机当前运行状态调节所需燃油量。此外还能降低共轨内的压力。

发动机管理系统通过废气涡轮增压器上的废气旁通阀调节增压压力。在此使用电控气动压力转换器以无级方式为废气旁通阀提供真空，转换器根据发动机管理系统信号和规定压力信号执行。

循环空气减压阀通过法兰固定在废气涡轮增压器上。发动机管理系统可以直接控制该循环空气减压阀，因此可以使进气侧与压力侧之间短路连接。通过循环空气减压阀可以消除节气门快速关闭时可能出现的增压压力峰值。因此循环空气减压阀对发动机噪声影响很大且有助于保护废气涡轮增压器部件。节气门关闭时，会产生从节气门至废气涡轮增压器的压力波。这个压力波作用在废气涡轮增压器的涡轮叶片上，从而作用在叶片轴承上。通过循环空气减压阀可以显著降低这个压力波，因此可降低废气涡轮增压器负荷。

使用带有电动冷却液泵的冷却系统时，可以实现传统冷却系统的优点。热量管理系统确定当前冷却需求并相应调节冷却系统。在某些情况下甚至可以完全关闭冷却液泵，例如在暖机阶段让冷却液迅速加热时。发动机很热且处于关闭状态时，冷却液泵继续工作。因此可能需要冷却功率（与转速无关）。除了通过特性曲线节温器外，热量管理系统还可通过不同特性曲线控制冷却液泵。因此发动机控制单元可以根据行驶情况调整发动机温度。

发动机控制单元按以下温度范围进行控制：108℃＝经济运行模式；104℃＝正常运行模式；95℃＝高功率运行模式；90℃＝高功率且通过特性曲线节温器调节运行模式。

发动机控制单元根据行驶情况识别到节省能量的运行范围"经济"时，发动机管理系统就会调节到较高温度（108℃）。在这个温度范围内，发动机以相对较低的燃油需求量运行。温度较高时，发动机内部摩擦减小。温度升高还有助于降低负荷较低情况下的耗油量。处于"高功率且通过特性曲线节温器调节"运行模式时，驾驶员希望利用最佳发动机功率利用率。为此需将气缸盖内的温度降至90℃。温度降低可以提高容积效率，从而提高发动机转矩。发动机控制单元现在可根据相应行驶状况调节到特定运行范围，从而能够通过冷却系统影响耗油量和功率。

如果发动机运行期间冷却液或发动机油温度过高，则会影响车辆的某些功能，以便为发动机冷却系统提供更多能量。这些措施分为两种运行模式：

1. 部件保护

1）冷却液温度在117~124℃之间。

2）发动机温度在150~157℃之间。

3）措施：例如降低空调（直至特性曲线节温器开度为100％）和发动机功率。

2. 紧急情况

1）冷却液温度在125~129℃之间。

2）发动机温度在158~163℃之间。

3）措施：例如降低发动机功率（直至特性曲线节温器开度为90％）。

4.2 柴油发动机电控系统

4.2.1 博世电控系统

博世柴油机喷射电子控制（EDC）系统主要包括线束、电子控制装置（ECU），以及传感器和执行器，如图 4-3 所示。

传感器包括：发动机转速传感器、发动机相位传感器、发动机进气歧管压力（温度）传感器（可选）、大气压力传感器、空气流量计、轨压传感器、排气再循环（EGR）阀位置度传感器、发动机冷却液温度传感器、加速踏板位置传感器。

执行器包括：喷油器、EGR 阀控制模块、油量计量单元（高压油泵）、预热控制器、空调延时继电器。

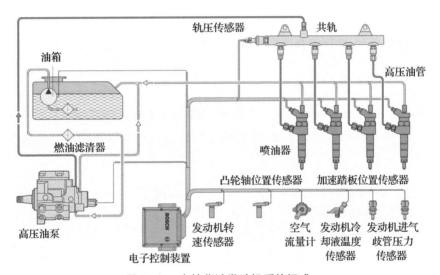

博世柴油机高压共轨系统

图 4-3 电控柴油发动机系统组成

EDC 系统采用一块 ECU 完成系统各项功能，ECU 为数字式，装有微处理器。其特点是计算速度快、精度高、可靠性好、功能多、耗能低、免维护。

ECU 通过应用软件算法处理来自各个传感器的信号，并控制执行器动作，以确保发动机最佳工作状态。

ECU 主要包括以下部件：数据收集和编码部件、微处理器、ROM 存储器、RAM 存储器、EEPROM 存储器、驱动器、电源管理器。

数据收集和编码部件包括一系列的 A/D 转换器和计数器，接收模拟电信号和频率信号形式的数据。在此部件内部，所有的信号都转换成为数字信号进行处理和存储。

微处理器是一个电子部件，用来计算并管理所收集到的数据。它的主要任务是查询存储器、比较处理数据、数据取样以及管理执行器控制电路。

ROM 存储器包括微处理器工作必需的全部程序，因此，在 ECU 安装之前，其内部进行永久编程，ROM 存储器的数据可以读出，但不能编辑。ROM 存储器是受到保护的，因此，当断开与蓄电池的连接时，它所包含的数据也不会被删除。

RAM 存储器是随机存储器，其中的数据既可以读出，也可以进行存储。存储器可用来暂时存储输入的数据，以便随后用于进一步的处理，也可以用来存储对工作异常情况进行编码多用的信号，这种信号可能会对传感器、执行机构或控制装置的某些功能产生影响。

EEPROM 存储器可用电的方式擦除并可重新多次编程。该非遗失存储器的存在，允许存储电池断开时有关系统错误的数据，还能存储系统错误去除后的有关错误信号。

驱动器由微处理器和专用的集成电路进行控制，用来向诸如以下的执行机构供电驱动：喷油器、油量计量单元、EGR 控制模块、可变喷嘴涡轮（VNT）增压器控制模块、节气门体。

电源管理器为 ECU 各个有源部件提供所需工作电源。

4.2.2 预热塞系统

为了能够实现与汽油发动机在所有气候条件下可比的发动机起动，而不需要过长的预热时间，配备共轨喷射系统的 2.0L TDI 发动机拥有一套快速柴油预热塞系统，系统组成如图 4-4 所示。

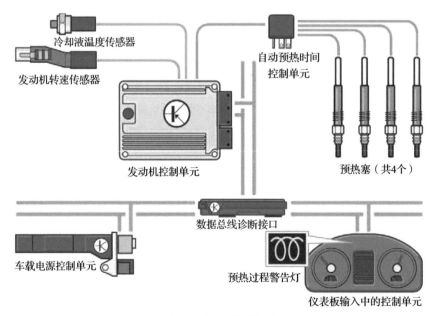

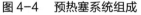

图 4-4　预热塞系统组成

该预热塞系统的优点如下：

1）在最低 -24℃的条件下迅速起动发动机。

2）预热塞加热时间极短（2s 内最高可达 1000℃）。

3）预热前和预热后时间的温度可控。

4）具有自我诊断能力。

4.2.3　共轨喷射系统

借助共轨系统，压力的产生和燃油喷射在空间上彼此独立。柴油共轨喷射系统的核心是由凸轮轴驱动的高压燃油泵，它可以为喷油器提供最高 1800bar 的最佳喷射压力。该系统组成如图 4-5 所示。

燃油轨起到压力蓄能器的作用。不需要的燃油将通过压力保持阀返回带有预热阀的燃油滤清器中。

该喷射系统的优点如下：

1）喷射压力几乎可以无级变化，并且可以适应发动机具体的运转状态。

2）最高可达 1800bar 的高喷射压力确保良好的混合气形成。

3）多个喷射前和喷射后阶段使喷射断面更灵活。

扫一扫

宝马柴油共轨系统组成与原理

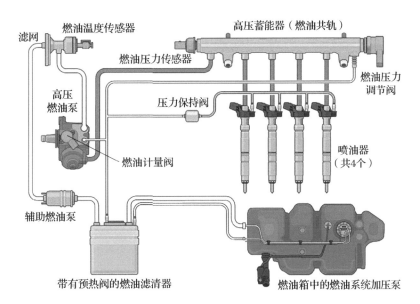

图 4-5　柴油共轨喷射系统组成

▇ 230~1800bar 的高燃油压力　▇ 来自喷油器的 10bar 回油压力
来自燃油系统加压泵（辅助燃油泵和 6bar 的高压燃油泵之间）的压力
供应和回油压力

第5章
汽车底盘电控系统

5.1 自动变速器电控系统

5.1.1 系统组成

以宝马自动变速器为例，自动变速器系统（EGS）控制单元位于车内转向柱下方。该控制单元通过 PT-CAN 与下列控制单元进行数据交换：DME、动态稳定控制（DSC）[包括 ABS / 主动稳定控制（ASC）]、组合仪表。自动变速器控制系统组成部件如图 5-1 所示。

扫一扫

自动变速器控制模块

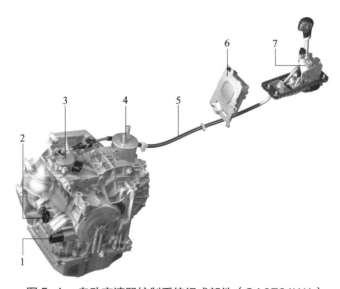

图 5-1　自动变速器控制系统组成部件（GA6F21WA）
1—连接 EGS 控制单元的多引脚插头 1　2—连接 EGS 控制单元的多引脚插头 2　3—变速杆位置开关
4—变速器油冷却器　5—拉线　6—EGS 控制单元　7—变速杆单元

更换 EGS 控制单元后，必须利用 BMW 诊断系统将适配值复位。

5.1.2　系统功能

节气门信号是负荷要求信号，选挡时电子系统需要该信号。

喷射信号是发动机的负荷状态信号。换挡时需要该信号以及节气门信号和输出信号。

在换挡过程中，变速器电控系统通过使发动机点火角度延迟大约 200ms 的方式影响发动机电子系统。这样可以短时间降低发动机转矩、提高换挡质量、减小变速器负荷并缩短换挡时间。

如果驾驶员将加速踏板完全踩到底（强制降挡），就会超过加速踏板模块的满负荷电压值。达到发动机控制单元内规定的电压值时（4300mV），DME 将其识别为强制降挡并通过 PT-CAN 将该信号传输至 EGS 控制单元。

在变速器的输入轴上有一个用于测量变速器输入转速的转速传感器。该转速传感器依据霍尔效应原理工作。变速器电控系统需要准确的变速器输入转速，以便执行下列功能：控制、适配和监控换挡过程；控制和监控液力变矩器锁止离合器；诊断换挡元件并检查发动机转速和变速器输出转速的可信度。

在驻车锁止轮上有一个用于测量变速器输出转速的转速传感器。该转速传感器依据霍尔效应原理工作。变速器电控系统需要准确的变速器输入转速，以便执行下列功能：选择换挡时机、诊断换挡元件并检查发动机转速和涡轮转速的可信度。

DSC 干预期间，转速不超过 4500r/min 时保持所挂入的挡位。此时换挡对行驶稳定性产生不利影响。超过 4500r/min 时会强制换入高挡，以便减小车轮上的转矩。

由于采用前驱方式且具有 DSC 功能，因此在变速器电控系统内无须安装特殊的冬季程序。

变速器油温度传感器位于电液换挡机构内，浸于变速器油中。执行以下功能时需要变速器油温度信号：调节换挡压力（系统压力）并在换挡过程中增大和减小压力；启用或停用取决于温度的功能（例如接通液力变矩器锁止离合器）。

制动信号灯开关信号通过 PT-CAN 传输。变速杆锁功能和变速器控制功能（例如坡路识别功能）需要该信号。EGS 控制单元内的安全功能需要发动机转速信号，以免换入低挡而导致发动机可能超速运转。自动变速器电控系统原理框图如图 5-2 所示。

EGS 控制单元根据以下因素决定换入高挡和低挡的时机：驾驶员负载要求（加速踏板和节气门位置）、变速器输出转速、变速杆位置、强制降挡信号。

换挡时机取决于温度情况（电液换挡机构内的温度传感器）。

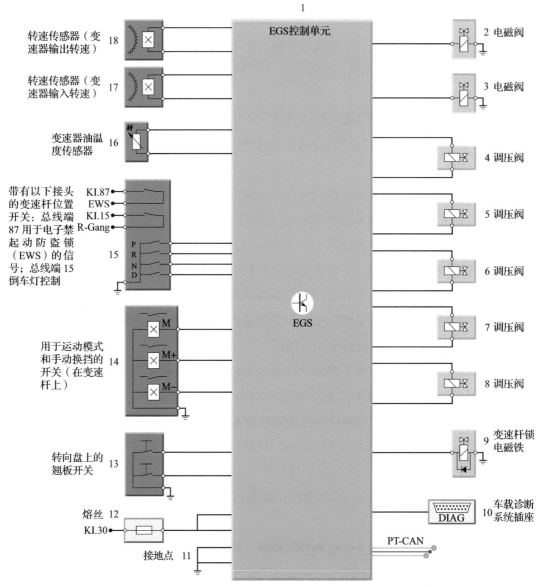

图 5-2   自动变速器电控系统原理框图

5.1.3   换挡机构

电液换挡机构安装在自动变速器内。它被变速器油底壳盖住。电液换挡机构以正确的液压压力控制传动和制动离合器。通过变速杆上的拉线操纵电液换挡机构内的选挡滑阀。选挡滑阀根据变速杆相对变速器内相应电磁阀的位置控制变速器油（主压力）。此外，在电液换挡机构内还装有以下用于变速器控制的部件：机油温度传感器、电磁阀（2个）、调压阀（6个）。换挡机构部件如图5-3所示。

电液换挡机构通过两个多引脚插头（在变速器壳体上）与EGS控制单元连接。

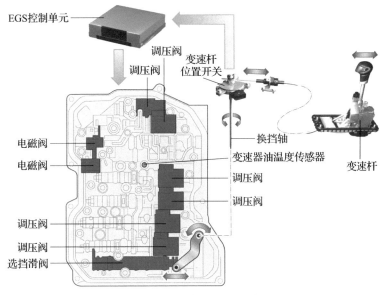

图 5-3　换挡机构部件

5.2　四轮驱动电控系统

5.2.1　四轮驱动类型

根据不同的驱动平台，四轮驱动系统分为以前轮驱动为基础的车辆和以后轮驱动为基础的车辆，结构如图 5-4 所示。

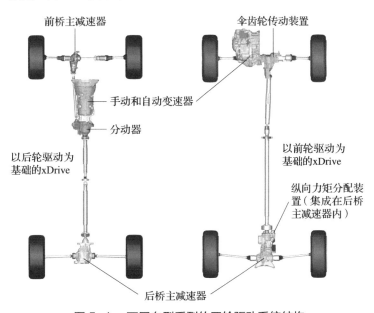

图 5-4　不同车型系列的四轮驱动系统结构

5.2.2　四轮驱动耦合器

四轮驱动耦合器集成在后桥驱动装置上，如图 5-5 所示。

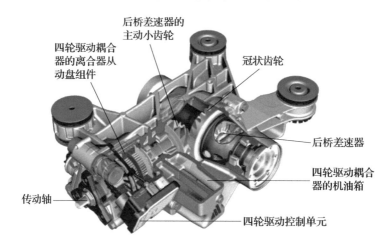

图 5-5　四轮驱动耦合器安装位置

传递至后桥的驱动转矩是通过在前桥驱动和后桥驱动之间的四轮驱动耦合器来控制的。根据耦合器的开口度，它将所需的驱动转矩传递至后桥。四轮驱动耦合器组成部件如图 5-6 所示。

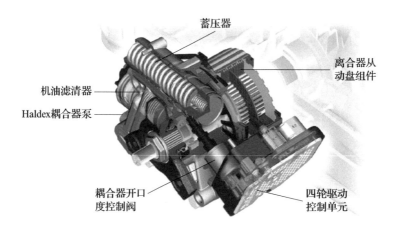

图 5-6　四轮驱动耦合器组成部件

四轮驱动控制单元控制泵的运行次数以及耦合器开口度控制阀。压力的大小仅由阀门的位置决定。控制单元的电路板上有一个温度传感器，其显示的测量值表示机油温度。

四轮驱动控制单元合成在驱动系统 CAN 数据总线中，这使得它能够仅靠一个传感器精准地控制系统。控制单元利用行驶工况的数据确定所需的电流大小，如此便能理想地根据实际情况来调节四轮驱动耦合器的开口度和动力传递。

如果有车身电子稳定系统（ESP）或 ABS 进行干预，ABS 控制单元利用四轮驱动控制单元确定四轮驱动耦合器开口的大小。

电控液压组件建立起油压，并对离合器从动盘上的夹紧压力进行控制。图 5-7 所示为系统无压力时的状态。一旦发动机被关闭且仅点火开关开启时，则四轮驱动控制单元 J492 处于激活状态，但无法建立起压力。不通电时，耦合器开口度控制阀处于打开状态。

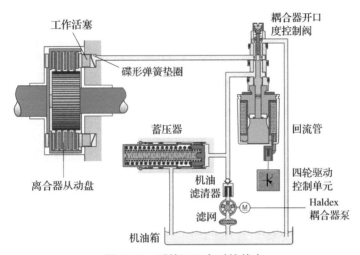

图 5-7　系统无压力时的状态

发动机起动后，Haldex 耦合器泵被起动。一旦发动机转速达到 400r/min，泵被起动。它通过滤清器将机油输送到蓄压器，直到机油系统内的压力达到 30bar。耦合器开口度控制阀被四轮驱动控制单元关闭，这样工作压力传送至工作活塞，离合器从动盘组件被按压在一起，如图 5-8 所示。

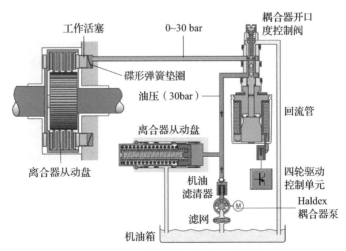

图 5-8　发动机起动后压力建立

5.2.3 电控系统信号

四轮驱动系统控制单元接收发动机、ABS、电动驻车制动等控制单元及数据诊断接口与转向角传感器的信号，根据行驶工况对耦合器泵和开口阀进行控制。四轮驱动电控系统原理如图 5-9 所示。

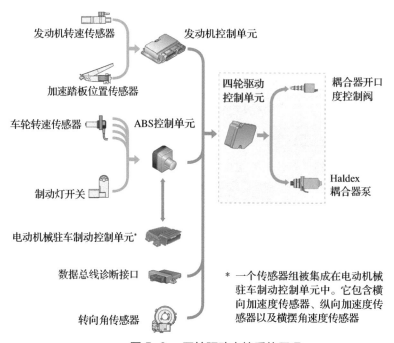

图 5-9　四轮驱动电控系统原理

5.3　电子悬架电控系统

5.3.1 悬架功能

当车辆运动时，外部作用力与冲击会使车辆沿三维空间轴（横轴、纵轴和垂直轴）的方向产生运动与振动。减振的目标是在悬架系统与减振系统之间获得良好的平衡，从而将这些力对驾驶舒适性、驾驶安全性和操纵安全性的影响降到最低。

在车辆行驶中，除了车辆的向上与向下运动外，还会发生围绕或沿车辆三维空间轴（横轴、纵轴和垂直轴）方向的振动，车辆行驶振动方向如图 5-10 所示。

5.3.2 电子空气悬架

以大众辉腾为例，带有连续减振控制（CDC）的完全承载式 4 角空气悬架（4CL）可以使车辆保持恒定的离地高度，而不管有效载荷为多少。换句话说，在路面和车辆底盘之间保持着恒定的静态离地间隙，该间隙由驾驶员的输入或车速决定。

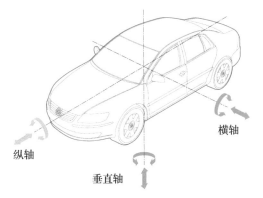

运动方式		说明
纵轴	抽动	沿纵轴方向的振动（振颤）
	侧倾	纵轴扭振（横摆、起伏、倾斜）
横轴	横向滑移	沿横轴方向的振动
	纵倾	横轴扭振（俯仰）
垂直轴	垂直振动	沿垂直轴方向的振动（冲击、垂直振动）
	横摆	垂直轴扭振

图 5-10　车辆行驶振动方向

　　整个系统包括：一个 4CL/CDC 的控制单元；每个角有一个空气弹簧和一个车辆高度传感器；每个角有一个集成在空气弹簧支柱中的可调减振器；一个带有空气干燥器和温度传感器的压缩机；一个带有四个阀、一个排放阀、一个储压阀的电磁阀体，其上有一个集成式压力传感器；储压器；压缩机到各个空气弹簧支柱与储压器的空气管路；各个空气弹簧支柱上各有一个车轮加速度传感器（测量范围为 $-13g \sim 13g$）以及三个车身加速度传感器（测量范围为 $-1.3g \sim 1.3g$）。电子空气悬架系统组成部件如图 5-11 所示。

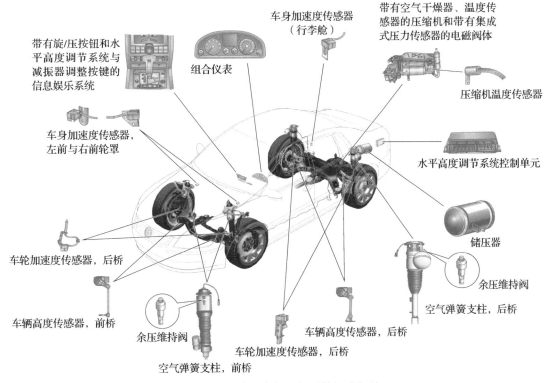

图 5-11　电子空气悬架系统组成部件

车辆可实现三个高度的调节（NN 和 HN 由驾驶员选择）：

1）正常悬架位置（NN）。

2）高悬架位置（HN），比 NN 高 25mm，用于路况较差时。

3）低悬架位置（TN），比 NN 低 15mm。行驶高度根据车速自动选择（在高速公路上高速行驶时），取消选择也是自动进行的。

使用特殊控制策略，该系统也可根据行驶状况自动转换到其他高度。行驶高度调整是在后台进行的，通常驾驶员不会注意到。

在高速行驶时，离地间隙被自动降低，从高悬架位置降到动态性能更稳定的正常悬架位置。在速度更高的情况下，驾驶员不需要选择，离地间隙就自动调整到低悬架位置上。当车速降到预定车速以下时，则自动取消低悬架位置的选择。

处于"舒适"模式的减振器在高速驾驶时会自动向"运动／硬"模式调整，以确保操纵安全性与行驶稳定性。

5.3.3 电子悬架功能

位于桥壳与下部叉形杆之间的四个车辆高度传感器测量车身相对车轮的位置，然后与存储在控制单元中的各个车轮的默认值进行比较。

车辆控制单元必须"学习"这些默认值。在正常情况下，水平高度调节过程中所需的空气是由压缩机提供的（最大压力为 16bar）。

当车速大于 35km/h 时，由压缩机控制调节。储压器也会按照需要充满。当车速小于 35km/h 时，由储压器（5L 容量）控制调节。要进行调节时，储压器与空气弹簧之间需要有足够的压力差（大约为 3bar）。

在装载或卸载过程中，若车辆高度与地面的相对高度发生变化，该控制单元则重新调节车辆高度到标准高度。在此调节过程中，空气经过电磁阀送入空气弹簧或经排放阀排出。

减振器控制系统通过四个车轮加速度传感器和三个车身加速度传感器将路面状况和车辆的运动状况记录下来。各个减振器的特性按照减振要求的计算值来调节。在此情况下，减振器在下压与回弹的周期运动中起半主动部件的作用。连续减振控制是通过电动调整减振器特性来实现的。这些减振器都集成在空气弹簧支柱中。

减振力可根据特性图用内置在减振器中的比例阀来调整设定。这样，减振力与相应驾驶状态与路面状况的适应匹配过程只需要几毫秒。该减振器根据车轮与车身的垂直加速度大小来调节。在理想状态下，这种减振控制看上去就像车身被空中的一个钩子吊着漂浮在路面上且没有任何干扰运动。用这个办法可以获得最大的驾驶舒适性。

图 5-12 所示为电子悬架系统原理示意图，着重说明了该系统与车辆上其他系统的关系以及显示与操作元件。

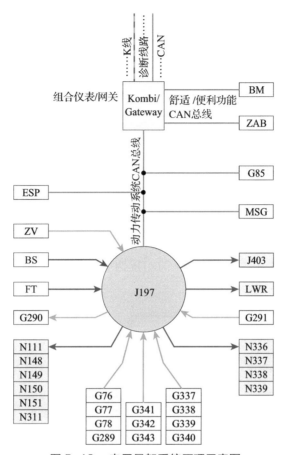

扫一扫

电子悬架功能
与原理

图 5-12 电子悬架系统原理示意图

BM—蓄电池管理 BS—状态信号 T.30、T.15 ESP—车身电子稳定系统
FT—水平高度调节系统按钮与减振器调节按钮 G76~G78、G289—车辆高度传感器
G85—转向角传感器 G290—压缩机温度传感器、水平高度调节系统
G291—水平高度调节系统压力传感器 G337~G340—车轮加速度传感器
G341~G343—车身加速度传感器 J197—水平高度调节系统控制单元
J403—水平高度调节系统压缩机继电器 Kombi—组合仪表
LWR—前照灯照明距离调节系统 MSG—发动机控制单元
N111—排放阀 N148~N151—减振支柱阀
N311—水平高度调节系统储压器阀 N336~N339—减振器调节阀
ZAB—信息娱乐系统 ZV—车门 / 发动机罩 / 行李舱盖信号

5.3.4 电子悬架控制单元

电子悬架控制单元位于行李舱中左侧的饰件后面，如图 5-13 所示。它用螺栓固定在继电器与熔丝座的后面。作为中央控制单元，它具有以下作用：控制空气悬架和减振器，监控整个系统，诊断整个系统，并且通过 CAN 总线（动力传动系统 CAN 总线）进行通信。

图 5-13 电子悬架控制单元

水平高度调节系统控制单元具有一个附加的处理器（双处理器）：空气弹簧的运算主要在第一处理器上运行，减振控制主要在第二处理器上运行。

5.4 行驶稳定性电控系统

5.4.1 牵引力控制系统分类

由于大量控制系统的存在，很难从逻辑上清晰地给牵引力控制和辅助系统分类。在其他方面，这些系统会分等级地相互连接在一起，其中一些处于高级阶段，另外一些会建立在其他硬件或软件基础之上或成为已有功能的补充。

一种可供选择的分类方式是将牵引力控制和辅助系统按功能分配至"起步""行驶""制动"的汽车运行状态。图 5-14 所示说明了在汽车运行状态中哪种系统可能进行干预。

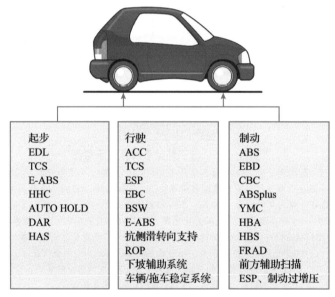

图 5-14　汽车运行中起作用的稳定系统（各英文缩略语释义参见附录）

如图 5-15 所示，牵引力控制系统可以细分为两类：第一类为仅通过液压制动系统而进行制动的系统；第二类为通过发动机管理系统或变速器管理系统影响汽车动态性能的系统。

ABS 是所有牵引力控制系统的始点，它是仅制动干预的制动系统。软件扩充以及通过 ABS 的附加系统元件的扩充包括 EBD、EDL、CBC、ABSplus 和 YMC。

TCS 是 ABS 的一个扩充。除了起动制动干预，它也能起动发动机管理系统干预。带有发动机管理系统干预的制动系统只包括 E-ABS 和 EBC。

当车中安装 ESP 时，所有牵引力控制系统都属于 ESP。如果关闭 ESP 功能，某些

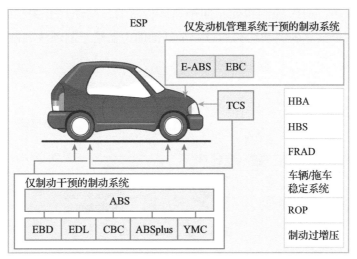

图 5-15　牵引力控制系统的两大类型（各英文缩略语释义参见附录）

牵引力控制系统功能会自主运行。

当电控单元探测到驾驶员指令和车辆实际行为之间有差异时，ESP 会独立干预车辆动态性能。这就意味着 ESP 决定车辆动态情况，以及何时、何种牵引力控制系统被起用或关闭。因此可以说，ESP 起着主导作用。

各种牵引力控制系统所实施的控制干预可防止在各种紧急情况下的车轮锁死，其目的在于随时稳定车辆，保持转向能力。

牵引力控制系统分为仅通过液压制动系统影响车辆动态性能的系统和发动机管理系统，以及通过自动变速器车辆影响车辆动态性能的变速器管理系统。

第一类包括：防抱死制动系统（ABS）、电子制动力分配（EBD）、转向制动控制（CBC）、电子差速锁（EDL）、制动防抱死系统加强版（ABSplus）、横摆力矩控制（YMC）[横摆力矩消除（GMA）]。

第二类包括：牵引力控制系统（TCS）、发动机制动控制（EBC）、带发动机干预的制动防抱死系统（E-ABS）（制动防抱死系统的延伸功能）。

ABS 是所有牵引力控制系统的始点。许多列出的系统是原 ABS 功能软件的扩充。当 ESP 的电子控制确认驾驶员的命令和车辆的实际行为有偏差时，会通过制动系统独立干预车辆的动态特性。ESP 被视为高一级的系统。

以上列出的制动系统都不需要车辆配备 ESP，但是当车辆配备 ABS 时，会自主运行。EDL 功能需要一个扩充的液压单元。

5.4.2　ABS 组成

ABS 组成如图 5-16 所示，具体组成如下：液压系统（带有电子回流泵、两个缓冲室、两个蓄压器、四个 ABS 进油阀、四个 ABS 回油阀，以及一些单向阀），确保制动液向所需方向流动；ABS 控制单元；四个速度传感器；制动灯开关，以检测制动起动；ABS 警告灯；两个独立的制动线路通过一个制动助力器给予制动液和制动力支持。

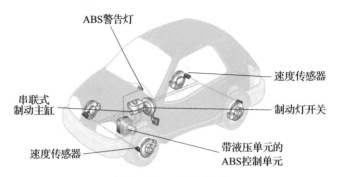

图 5-16　ABS 组成

将制动系统分为两条独立的制动线路提高了车辆的安全性。若一条线路出现故障，车辆还能通过第二条制动线路驻车。该系统可细分为前桥制动线路、后桥制动线路和对角（左前轮与右后轮；右前轮与左后轮）制动线路，通常采用对角制动线路。

在一条制动线路中，每一个制动轮缸有一个 ABS 进油阀和一个 ABS 回油阀。因此，每个车轮的制动可独立进行。每个制动线路中的低压累积器可迅速降低在制动轮缸中的压力。将低压蓄力器中的液压油输回储液罐，则通过回流泵操作。两个制动线路被设计为单独的回流路程，由同一个电机带动。ABS 液压线路如图 5-17 所示。

扫一扫

博世 ABS 系统

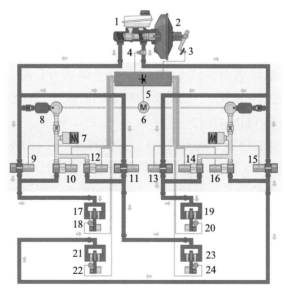

图 5-17　ABS 液压线路

1—储液罐　2—制动助力器　3—制动踏板传感器　4—制动力传感器　5—ABS/ESP 控制单元　6—回流泵
7—蓄压器　8—缓冲室　9—左前 ABS 进油阀　10—左前 ABS 回油阀　11—右后 ABS 进油阀
12—右后 ABS 回油阀　13—右前 ABS 进油阀　14—右前 ABS 回油阀　15—左后 ABS 进油阀
16—左后 ABS 回油阀　17—左前轮制动缸　18—左前轮速度传感器　19—右前轮制动缸　20—右前速度传感器
21—左后轮制动缸　22—左后轮速度传感器　23—右后轮制动缸　24—右后速度传感器

进油阀：开启　进油阀：关闭　回油阀：开启　回油阀：关闭

5.4.3　ABS 工作原理

和 ESP 不同，ABS 需要驾驶员执行制动，系统不能独立操作。

制动时，ABS 会比较四轮的速度。若任一车轮有锁死的危险，ABS 就会抑制制动力的进一步增加。

驾驶员感觉到有轻微的制动踏板力间断，因此意识到 ABS 控制的干预，这是由 ABS 干预下制动力的变化引起的。ABS 防止独立车轮的锁死，得以保持车辆的转向性能，不能人工撤销 ABS 功能。若 ABS 控制单元确认一车轮有锁死危险，控制系统关闭相应车轮的 ABS 进油阀，同时回油阀也应关闭。因此制动缸内的压力得以保持，驾驶员踩下制动踏板时并不能进一步增加制动压力。驾驶员制动与 ABS 压力保持如图 5-18 所示。

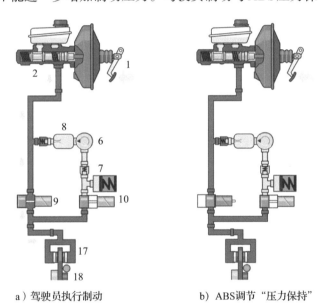

a）驾驶员执行制动　　　　　　　b）ABS 调节"压力保持"

图 5-18　驾驶员制动与 ABS 压力保持

1—脚踩下制动踏板　2—串联制动主缸　6—回流泵　7—蓄压器　8—缓冲室　9—ABS 进油阀
10—ABS 回油阀　17—车轮制动缸　18—速度传感器

若仍有锁死倾向，控制系统开启 ABS 回油阀，此时 ABS 进油阀关闭。制动轮缸内压力此时可释放入蓄压器。因此，车轮可再次加速。

若蓄压器的容量不足以克服车轮的锁死倾向，ABS 控制系统开启回流泵，将制动液泵回储液罐，来抵消驾驶员加载的制动力，这就引起了制动踏板力的脉冲振动。ABS 压力调节控制如图 5-19 所示，其中，各数字含义同图 5-18。

若车速再次开始超过设定值，控制系统关闭 ABS 回油阀，开启 ABS 进油阀。回流泵继续按需运行。若再次到达锁死极限，"压力保持""压力释放""压力建立"循环重复，直至制动过程完成，或者通过轮胎速度的比较显示不再有车轮锁死的危险。

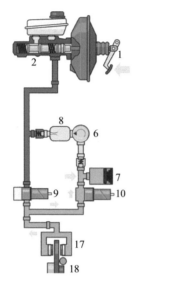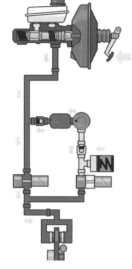

a）ABS调节"压力释放"　　　　　b）ABS调节"压力建立"

图 5-19　ABS 压力调节控制

1—脚踩下制动踏板　2—串联制动主缸　6—回流泵　7—蓄压器　8—缓冲室　9—ABS 进油阀
10—ABS 回油阀　17—车轮制动缸　18—速度传感器

5.5　电动助力转向系统

5.5.1　电动助力转向系统组成

与液压转向系统相比，电动助力转向系统的最大的优点就是，在使用电动助力转向系统的情况下，无须再配备液压系统，其优点如下：

1）不再需要使用液压零件，例如助力机油泵、软管连接、油罐、机油滤清器。

2）无须再使用液压油。

3）节约空间。

4）降低噪声。

5）节省能源。

6）不再需要进行复杂的软管连接和导线连接。

支持转向的零件固定在转向器上，并直接作用于转向器，这就大大节省了能源。此外，与需要持久的体积流量的液压转向系统相比，电动助力转向系统只在真正转向时才需要能量。由于电动助力转向系统根据需求才吸收能量进行工作，这就大大降低了燃油消耗。

转向系统包括以下零件：转向盘、带转向角传感器的转向柱开关、转向柱、转向力矩传感器、转向器、电控机械助力转向电机、转向助力控制单元。电动助力转向系统组成如图 5-20 所示，电动助力转向器部件分解如图 5-21 所示。

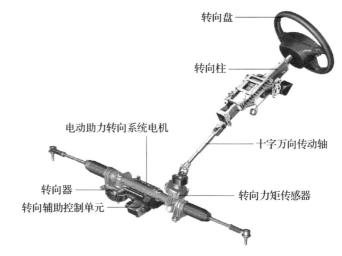

图 5-20　电动助力转向系统组成

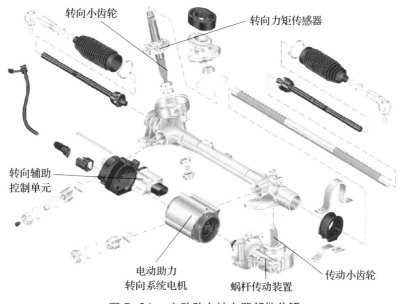

扫一扫

平行轴式 EPS
工作原理

图 5-21　电动助力转向器部件分解

5.5.2　电动助力转向系统电路

转向控制单元接收发动机、ABS、转向柱等控制单元及转向角传感器、力矩传感器等的输入信号，根据转向操纵的驾驶需求，控制转向电机的转向及速度，以完成驾驶员的转向目标和任务。电动助力转向系统电路原理如图 5-22 所示。

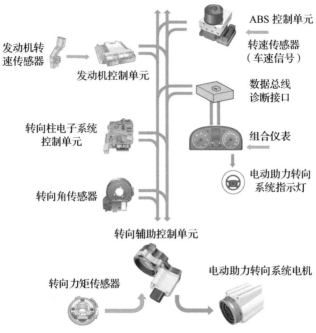

发动机转速传感器

发动机控制单元

转向柱电子系统控制单元

转向角传感器

ABS控制单元

转速传感器（车速信号）

数据总线诊断接口

组合仪表

电动助力转向系统指示灯

转向辅助控制单元

转向力矩传感器

电动助力转向系统电机

图 5-22　电动助力转向系统电路原理

第6章
汽车车身电控系统

6.1 自动空调系统

6.1.1 系统组成

自动空调的优点：调节系统内可以包含更多的参数，并且可预先计算出所需要的制冷状态。电子调节式的空调有各种不同的名称：数字式温度调节系统、自动恒温空调系统（Climatronic）、带有自动调节装置的空调。但其共同点是都有：一个控制单元、车外温度传感器（一个或两个）、车内温度传感器、附加传感器（并非每个系统都有，例如用于感知阳光照射强度的光敏传感器）、暖风/空调的伺服电机。

自动空调系统传感器分布如图6-1所示。其核心是数字式控制单元，它处理来自传感器（信号传感器）的所有输入信号，排除干扰后将信号送给控制单元内的微处理器。

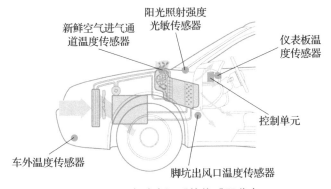

图6-1 自动空调系统传感器分布

6.1.2 系统功能

微处理器按照预设的规定值来计算出输出信号。输出信号经末级放大器传送给执行元件。执行元件就是暖风/空调的伺服电机。各伺服电机控制相应的翻板。

最新一代的空调装置与车上的其他控制单元是直接相连或者通过CAN总线相连的。

车速信息、发动机转速信息和停车时间信息也由空调控制单元来评估。空调电控系统原理示意图如图 6-2 所示。

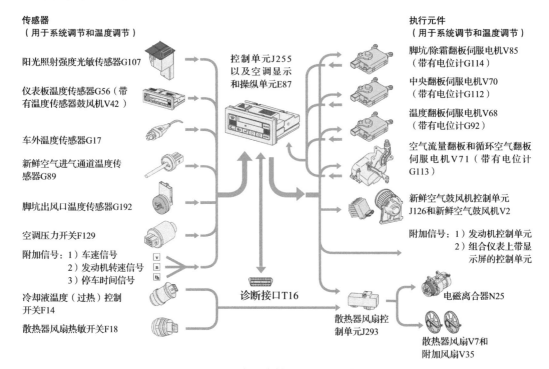

图 6-2　空调电控系统原理示意图

6.1.3　空调电脑

自动空调系统控制单元与操纵和显示单元结合在一起，如图 6-3 所示。操纵和显示单元是与相应的车辆相匹配的。另外在该控制单元上还装有一个温度传感器，该温度传感器用于测量车内的温度。

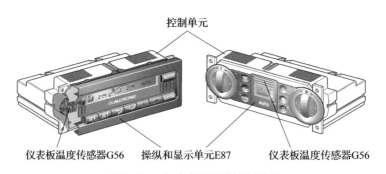

图 6-3　自动空调系统控制单元

该控制单元配备了一个故障存储器。如果某个部件出故障或者导线断路，很快就可以通过自诊断来确定原因。无论出现什么故障，该控制单元都能在应急工况维持已设定的工作模式。

该控制单元接收来自电气和电子部件（传感器）的信息。控制单元按照内部已存储的规定值来处理这些信息。控制单元的输出信号就用来操纵电气执行元件工作。

6.1.4　系统执行器与附加信号

暖风/空调上的每个气流分配翻板都配备了一个伺服电机。空气流量翻板和循环空气翻板共同使用一个伺服电机来驱动。这两个翻板通过一个驱动带轮（有两个导轨）来实现分别调节。在其他系统中，也有通过真空力或电磁阀来调节循环空气翻板的。自动空调系统执行器分布如图6-4所示。

在本节中，新鲜空气鼓风机和新鲜空气鼓风机控制单元是单独的两部分，但这两部分也可以合成一个整体。

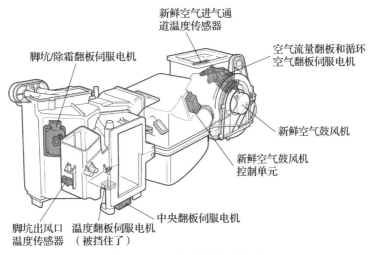

新鲜空气进气通道温度传感器

脚坑/除霜翻板伺服电机

空气流量翻板和循环空气翻板伺服电机

新鲜空气鼓风机

新鲜空气鼓风机控制单元

脚坑出风口温度传感器

温度翻板伺服电机（被挡住了）

中央翻板伺服电机

图6-4　自动空调系统执行器

在温度调节过程中，附加信号可提高舒适性并用于系统控制。这些附加信号来自车上的其他控制单元，并由空调控制单元进行处理。测量值的变化（例如因辐射热而产生的变化）不影响调节，可以很快调节到舒适温度，而避免了温度过低的情况。

自动空调系统附加信号（图6-5）如下：

1）停车时间 t_h：停车时间 = 点火开关关闭到下一次起动发动机所经过的时间。这个信号用于调节温度翻板。发动机起动后，控制单元处理发动机关闭前所存储的车外温度值。

2）车速 v：该信号用于操纵空气流量翻板。该信号是车速表传感器产生的，并在控制单元内进行转化。当车速较高时，新鲜空气出口的横截面积就会变小，这样就可使得进入车内的空气量基本保持不变。

3）发动机转速 n：该信号将发动机的运转信息传给空调控制单元。这个信号用于系统控制（切断电磁离合器），例如在没有发动机转速信号时就关闭压缩机。

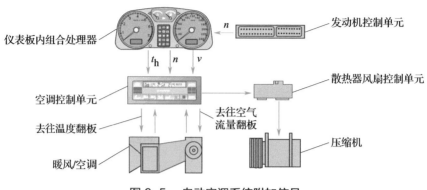

仪表板内组合处理器

发动机控制单元

t_h n v

散热器风扇控制单元

空调控制单元

去往空气
流量翻板

去往温度翻板

压缩机

暖风/空调

图 6-5   自动空调系统附加信号

6.2   影音通信系统

6.2.1   影音控制单元

以宝马 i3 车型为例，电话和多媒体功能集成在高级主控单元内。高级主控单元没有 DVD 驱动器，因此可安装在后排座椅下方，如图 6-6 所示。高级主控单元与 K-CAN4 连接并通过以太网与车身域控制器连接。

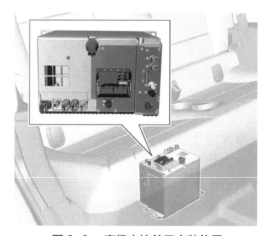

图 6-6   高级主控单元安装位置

高级主控单元采用模块化结构。最重要的通信系统以模块形式集成在高级主控单元内。在一个壳体内包含以下部件：3 个调谐器（FM）；频率多相择优模块；2 个数字音频广播（DAB）调谐器（波段 L 和波段Ⅲ）；带内同频（IBOC）解码器（仅限美规车辆）；卫星数字音频无线电服务（SDARS）调谐器（仅限美规车辆）；音频系统控制器；网关；CID 接口 / 供电（APIX）。高级主控单元后部连接端子分布如图 6-7 所示。

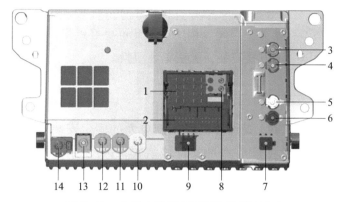

图 6-7 高级主控单元后部连接端子分布

1—用于扬声器、电话静音、K-CAN、供电的触点 2—传声器 1 和 2,Aux-In,FBAS 1 和 2
3—DAB 波段 III 天线,颜色代码:咖喱色 4—DAB 波段 L 天线,颜色代码:绿色
5—FM2,颜色代码:白色 6—FM1,颜色代码:黑色 7—GPS 天线,颜色代码:蓝色
8—MOST 总线(在 I01 上不使用) 9—WLAN 天线适配装置,颜色代码:波尔多红色
10—USB1 接口,中控台 AUX-In USB 插口(也用于数据输入 / 输出)客户接入点,颜色代码:米色
11—USB2 接口,通过电话底板连接客户智能手机,颜色代码:咖喱色
12—USB3 接口,远程通信系统盒(TCB),颜色代码:浅绿色
13—蓝牙天线接口,颜色代码:米色 14—中央信息显示屏的 APIX 连接和供电,颜色代码:紫色

在高级主控单元内装有一个 200GB 硬盘。用于联系人数据和音乐收藏夹的存储
空间保持不变,其他区域则显著增大。例如,用于导航系统(Navi)的存储空间增加
40GB 后变为 106GB;交互式用户手册(IBA)从 4GB 增至 6.1GB;Gracenote 数据库
从 5.1GB 增至 10.2GB。

图 6-8 所示为高级主控单元的硬盘分区。

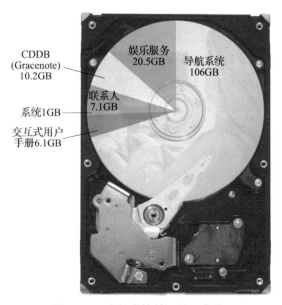

图 6-8 高级主控单元的硬盘分区

为对"地址数据"和"设置"等敏感客户数据加以保护,在高级主控单元内装有一个固定集成式快速擦写存储器。与硬盘相比,在此可更好地保护数据免受外部影响。集成式快速擦写存储器以固定方式安装,无法单独更换。

6.2.2　远程通信系统盒

远程通信系统盒(TCB)是用于高级主控单元的固定安装式语音和数据调制解调器。由于宝马汽车在批量生产时自动配备该装置,因此在宝马 i3 标准配置中已包含 TCB。TCB 安装位置如图 6-9 所示。

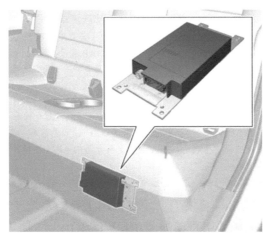

图 6-9　TCB 安装位置

在 HSPA 标准内规定远程通信系统盒的传输标准为 14.4 Mbit/s。高速分组接入 HSPA 是对无线移动通信标准(UMTS)的进一步扩展,可实现更高的数据传输率。

由于大部分多媒体 Combox 接口和功能移至高级主控单元内(免提通话功能、USB 接口、语音处理系统、蓝牙音频、办公、联系人等),因此使用 TCB 取代远程通信系统 Combox 的紧急呼叫电路板用于以下功能:带 eCall(紧急呼叫功能)的 BMW Assist; BMW Online;通过一个集成在车上的 SIM 卡(P-SIM)实现 BMW Internet;远程功能(接收和控制器);办公方面的"文本转语音"功能;通过 P-SIM 实现 BMW 远程售后服务;传输最后的车辆位置(GPS 跟踪);传输车辆数据。

通过 TCB 向 BMW 后端传输最后的车辆位置(GPS 跟踪)和车辆数据。除最后的车辆位置外,还传输车辆状态数据,例如高电压蓄电池的充电状态,该数据主要用于 App 应用。

TCB 始终与两个无线移动通信天线相连,天线安装位置如图 6-10 所示。车顶天线用于车辆的远程通信功能,另一种天线(备用天线)在出现翻车情况时作为紧急呼叫天线使用。

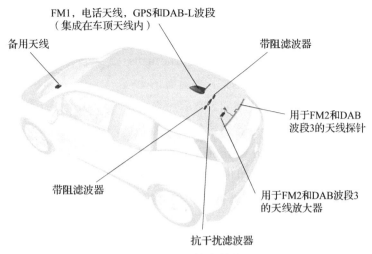

图 6-10　天线安装位置

　　紧急呼叫功能包括发送一个数据包以及使车辆与紧急呼叫中心建立通话联系。TCB 带有一个附加电池单元，可独立于车载网络确保其功能运行。因此即使发生交通事故导致供电中断（蓄电池、配电盒或布线毁坏），也可自动触发紧急呼叫。TCB 与 K-CAN4 连接并通过 USB 接口与主控单元连接。

6.2.3　扬声器系统

　　宝马 i3 提供两个质量等级的扬声器系统：立体声扬声器系统（标准配置）和 Harman Kardon® 高保真扬声器系统。

　　立体声扬声器系统不用附加放大器控制，而是使用主控单元的扬声器输出端。i3 的立体声扬声器系统共使用 4 个扬声器。这些扬声器由主控单元通过 4 个声道进行控制。图 6-11 所示为立体声扬声器系统概览。所有扬声器均由安装在主控单元内的放大器以 $4 \times 25W$ 的功率驱动。

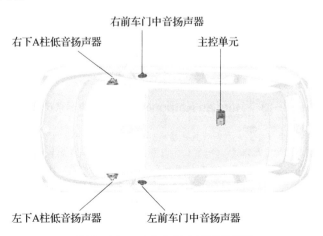

图 6-11　立体声扬声器系统概览

Harman Kardon® 高保真扬声器系统由 12 个扬声器组成。Harman Kardon® 高保真扬声器系统分别针对高音和中音频率安装不同的扬声器。Harman Kardon® 高保真扬声器系统装有带数字均衡器的七声道放大器，放大器安装位置如图 6-12 所示。

Harman Kardon® 高保真扬声器系统的放大器是 K-CAN4 上的总线设备。Harman Kardon® 高保真扬声器系统的中音和高音扬声器使用优质隔膜，可提供明显不同的声音模式。高音扬声器使用铝制隔膜，中音扬声器为 Alumaprene 扬声器 ®。

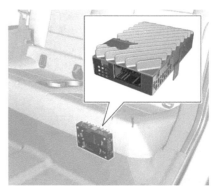

图 6-12　Harman Kardon® 高保真扬声器系统放大器安装位置

Alumaprene 扬声器 ® 内隔膜和磁系统的动力较大且效率更高，与传统扬声器有所不同。因此 Alumaprene 扬声器 ® 在不影响性能的同时向省电型扬声器迈出了重要的一步。此外，Alumaprene 扬声器 ® 具有与编织芳纶纤维隔膜扬声器类似的出色特性，由专门研发的最新一代聚合物制成。

超轻模块具有突出减振特性，可将共振限至最小，这样可实现只有通过高级声音变换器才能确保的绝佳频率特性控制。图 6-13 所示为 Harman Kardon® 高保真扬声器系统概览。中音和高音扬声器的驱动功率为 $5 \times 40W$，低音扬声器的驱动功率为 $2 \times 80W$。

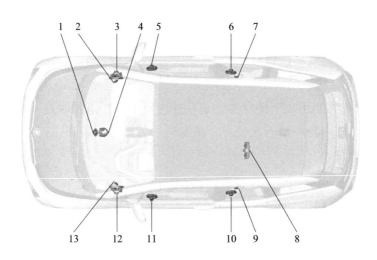

图 6-13　Harman Kardon® 高保真扬声器系统概览

1—仪表板中部高音扬声器　2—右上 A 柱高音扬声器　3—右下 A 柱低音扬声器　4—仪表板中部中音扬声器
5—右前车门中音扬声器　6—右后车门中音扬声器　7—右后车门高音扬声器
8—高保真音响放大器（Harman Kardon®）9—左后车门高音扬声器　10—左后车门中音扬声器
11—左前车门中音扬声器　12—左下 A 柱低音扬声器　13—左上 A 柱高音扬声器

6.3　安全气囊系统

6.3.1　乘员保护系统

乘员保护系统分成两种：主动安全系统和被动安全系统，如图 6-14 所示。具体来说，主动安全系统包括下述系统：防抱死制动系统（ABS）、驱动防侧滑系统（ASR）、车身电子稳定系统（ESP）、自适应巡航（ACC）系统、电子驻车制动（EPB）系统等。

所谓被动安全系统，指的是在车辆已经发生交通事故时，用于防止乘员受伤或者降低乘员受伤危险性的结构措施。

当今车辆针对被动安全性方面有如下措施：带有张紧器的安全带（包括儿童安全系统）；安全气囊系统（包括正面、侧面和头部安全气囊）；碰撞吸能车身（配备相应的车顶刚度，且前部、后部和侧面都有吸收能量的变形区），即通过特定区域的变形来吸收碰撞能量；敞篷车（Cabriolet）有翻车保护装置（如防滚架）；蓄电池断开装置。

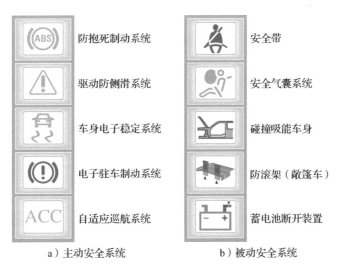

a）主动安全系统　　　　　　　b）被动安全系统

图 6-14　乘员保护系统类型细分

6.3.2　被动安全系统

被动安全系统一般由下述部分组成：车身、安全气囊、安全带、安全带张紧器、安全带力限制器、座椅框架及主动头枕、儿童限位系统、蓄电池断开装置、控制单元和碰撞传感器。该系统组成部件如图 6-15 所示。

图 6-16 展示了被动安全系统上可能有的所有部件及其连接网络。现实情况下，汽车上并非一定有这里列出的所有部件。

汽车电脑维修从入门到精通

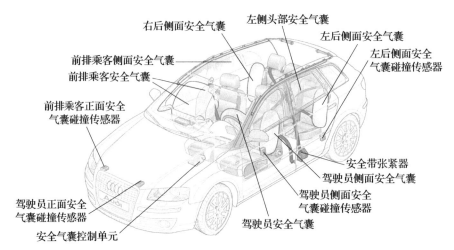

图 6-15　被动安全系统组成部件

注：出于视图的原因，车辆右侧安装的碰撞传感器和安全带张紧器都无法看到，但它们的布置与车左侧的情况是相同的。

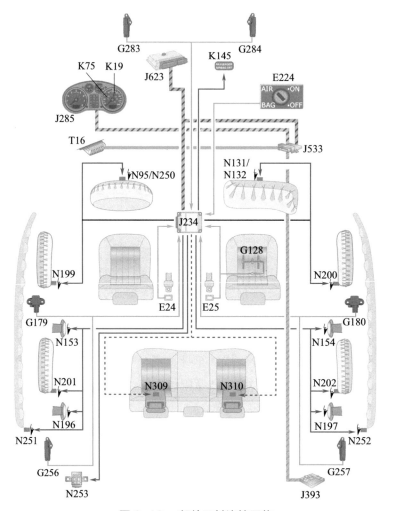

图 6-16　部件及其连接网络

图 6-16 中，E24 为驾驶员安全带开关；E25 为前排乘客安全带开关；E224 为前排乘客安全气囊关闭钥匙开关；G128 为前排乘客座椅占用识别触感器；G179 为驾驶员侧面安全气囊碰撞传感器；G180 为前排乘客侧面安全气囊碰撞传感器；G256 为左后侧面安全气囊碰撞传感器；G257 为右后侧面安全气囊碰撞传感器；G283 为驾驶员正面安全气囊碰撞传感器；G284 为前排乘客正面安全气囊碰撞传感器；J234 为安全气囊控制单元；J285 为组合仪表内控制单元；J393 为舒适系统中央控制单元；J533 为数据总线诊断接口（网关）；J623 为发动机控制单元；K19 为安全带警报指示灯；K75 为安全气囊指示灯；K145 为前排乘客安全气囊关闭指示灯；N95 为驾驶员安全气囊点火器；N131 为前排乘客安全气囊点火器 1；N132 为前排乘客安全气囊点火器 2；N153 为驾驶员安全带张紧器点火器 1；N154 为前排乘客安全带张紧器点火器 1；N196 为左后安全带张紧器点火器；N197 为右后安全带张紧器点火器；N199 为驾驶员侧面安全气囊点火器；N200 为前排乘客侧面安全气囊点火器；N201 为左后侧面安全气囊点火器；N202 为右后侧面安全气囊点火器；N250 为驾驶员安全气囊点火器 2；N251 为驾驶员头部安全气囊点火器；N252 为前排乘客头部安全气囊点火器；N253 为蓄电池切断点火器；N309 为驾驶员侧翻车保护磁铁（仅指敞篷车）；N310 为前排乘客侧翻车保护磁铁（仅指敞篷车）；T16 为 16 引脚插头（诊断接口）。

6.3.3　安全气囊控制单元

安全气囊控制单元 J234 内集成有电子装置，这些电子装置的任务就是获取车辆减速度和车辆加速度信息，并判定是否需要激活保护系统。

在车辆发生事故时，用于获取车辆减速度和车辆加速度信息的不只是安全气囊控制单元 J234 内集成的传感器，还有外部传感器。只有在分析了所有传感器的信息后，才能确定安全气囊控制单元 J234 内的电子装置是否要触发安全部件、什么时间触发以及触发哪些安全部件。根据事故的类型以及严重程度，可能只触发安全带张紧器，也可能让安全带张紧器与安全气囊一起触发。

安全气囊控制单元 J234 内的电子装置有如下功用：碰撞识别 [正面、侧面、后面、翻车（仅针对敞篷车）]；有针对性地触发相应的安全带张紧器、安全气囊、蓄电池断开装置和翻车保护机构（针对敞篷车）；安全带警报（提醒乘员系安全带）；分析输入信息；对整个安全气囊系统持续监控；存储故障和保护系统的触发信息；通过警告灯警示故障；通过电容器来独立供电（供电时间要持续约 150ms）；经由驱动 CAN 总线或个别的碰撞输出渠道（普通的电缆连接）将碰撞结果通知其他系统元件。

安全气囊控制单元 J234 连接在驱动 CAN 总线上。安全气囊控制单元将下述信息发送到驱动 CAN 总线上：指示灯亮起 / 熄灭；安全带警报工作 / 未工作；诊断数据；碰撞信号；执行元件检测用的碰撞信息；ESP 数据；前排乘客正面安全气囊状态（工作 / 未工作）。

其他的控制单元还要用撞车信息去执行一些其他功能，比如将已经上锁的中央门锁开锁、切断燃油供给以及激活危险闪光警报装置。

6.4 车身防盗系统

6.4.1 中央门锁

通过上锁传感器（车门）可以让所有车门上锁，同时也仅指通过轻触按钮（Softtouch）进入行李舱。

如果装有 Safe- 车门锁，那么在车门上锁时，车门锁就进入了"Safe"状态。中央门锁系统连接网络如图 6-17 所示。

中央门锁独有的"去安全"功能：在 2s 内按压遥控器上的"关闭"按键两次；在 2s 内按压车门把手传感器上的"关闭"按键两次；在 2s 内按压锁芯上的"关闭"按键两次；通过锁按键和 Autolock 只能使车门上锁，但是无 Safe 功能。

在 Safe 功能已激活的情况下，如果通过车门接触开关识别出车辆是打开着的（指车门 / 油箱盖），就会有一个警报循环，该警报循环由一个持续约 30s 的警报声和一个持续约 270s 的视觉警报组成。

如果警报声响起结束后又出发了警报，那么这个警报循环从头会再次重复进行。

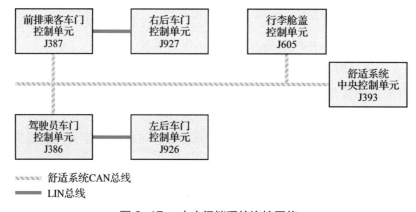

图 6-17　中央门锁系统连接网络

6.4.2 遥控钥匙

遥控钥匙（也叫高级钥匙或舒适钥匙），可以确定 ID- 发射器（车钥匙）与车辆的位置关系。所有的无钥匙功能都必须要确定车辆的所有权和 ID- 发射器的位置，这两个条件是借助传输的数据和场强来确定的，如图 6-18 和图 6-19 所示。

便捷钥匙功能的基本要求：车辆配备相应的硬件（选装的无钥匙进入系统）；钥匙电池完好；遥控信号通告未受干扰（可能的干扰因素有移动电话、遥控装置、充电器、高压线、无线电天线杆等）；钥匙处在汽车周围一定范围内。

图 6-18　遥控钥匙数据传递方式（LF 代表低频，HF 代表高频）

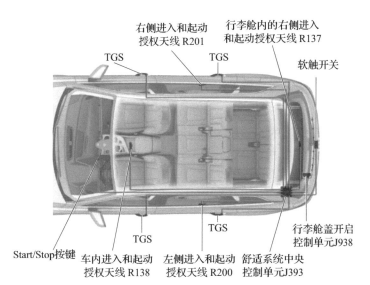

图 6-19　无钥匙起动与进入系统相关部件

无钥匙进入系统工作范围最大为半径 1.5m（从操作点量起），如图 6-20 所示。

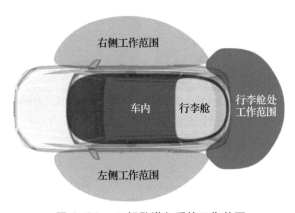

图 6-20　无钥匙进入系统工作范围

6.5 驾驶辅助系统

6.5.1 驾驶辅助系统类型

以奥迪 A8（车型 4N）为例，该车使用下面 3 种驾驶员辅助系统，形成了两种新的驾驶员辅助系统。各个系统的功能并无根本性变化，但是系统的分组是新的。

1. 奥迪主动式车道保持辅助系统（AALA）

奥迪主动式车道保持辅助系统帮助驾驶员对车辆实施横向控制，具体是通过系统的转向介入来提供帮助的。驾驶员可随时接受或者撤销系统的这个转向介入。

驾驶员可以在 MMI 上选择转向时刻"早"或"晚"。转向时刻"早"意味着：通过持续不断的转向介入来试图让车辆保持在车道中间位置（保持车道中间位置功能，也就是车道保持辅助功能）。

在选择转向时刻"晚"这个设置时，系统会试图防止本车无意中离开自己的车道。具体来说，当本车接近车道分界线时，系统会施加一个转向力矩而使得车辆向车道中间走。这个转向介入的前提条件是：驾驶员事前并未激活转向灯，因为激活了转向灯意味着驾驶员是有意要离开自己的车道的。除了会有转向力矩介入外，当车辆跨越车道分界线时转向盘上会有振动。也可以在 MMI 上关闭这个功能。如果激活了转向灯，转向盘的振动警告也就没有了，因为系统认为驾驶员有意要离开自己的车道。

在转向时刻"早"时所施加转向力矩的特征图（取决于车辆位置相对于车道中心情况）如图 6-21a 所示，在转向时刻"晚"时所施加转向力矩的特征图（取决于车辆位置相对于车道中心情况）如图 6-21b 所示。

a）在转向时刻"早"时所施加转向力矩的特征图　　b）在转向时刻"晚"时所施加转向力矩的特征图

图 6-21　系统特征

2. 自适应巡航（ACC）系统

自适应巡航系统是车速控制系统的进一步发展，除了能调节车速外，该系统还能调节本车与前车的车距。如果本车接近前行车辆，那么 ACC 会进行调节，使得本车与前行车辆保持设定的车距。

如果本车前方并无车辆在行驶，那么 ACC 的工作与定速巡航相同。使用 ACC 这种驾驶员辅助系统，仅要求驾驶员在特殊情形时去操纵加速踏板和制动踏板。车速的调节也被称作纵向控制。只要当前交通情况允许，主动式自适应巡航系统就会接管车辆的纵向调节。但是注意，纵向调节的责任总是要由驾驶员本人来承担的。

3. 堵车辅助系统

堵车辅助系统是在 2015 年用于奥迪 Q7（车型 4M）的。该系统在堵车时可为驾驶员提供帮助，在车速不高（60km/h）时可接管车辆的纵向控制和横向控制，但驾驶员必须能在任何时候重新接管车辆，驾驶员对整个车辆的控制始终负责。在进行车辆的横向控制时，驾驶员必须将手放在转向盘上，驾驶员可接受或者撤销系统施加的这个转向力矩。

在堵车辅助系统工作时，驾驶员可以让该系统来操纵加速踏板和制动踏板。

奥迪 A8（车型 4N）上增加了下述两种新的驾驶员辅助系统：

1. 车道偏离警报系统

车道偏离警报系统与带有转向时刻"晚"的奥迪主动式车道保持辅助系统的工作情况一样，该系统作为独立功能首次用于奥迪 A8（车型 4N）上。

2. 自适应驾驶辅助系统

自适应驾驶辅助系统将以前相互独立的自适应巡航系统、奥迪主动式车道保持辅助系统（带有转向时刻"早"）和堵车辅助系统合成为一个驾驶员辅助系统。这种新的驾驶员辅助系统在车速 0~250km/h 之间可连续进行车辆横向控制和纵向控制。由于自适应驾驶辅助系统也是一种驾驶员辅助系统，因此使用时也需要驾驶员对车辆控制负责。该系统作为独立功能首次用于 A8（车型 4N）上。三合二功能自动驾驶辅助系统如图 6-22 所示。

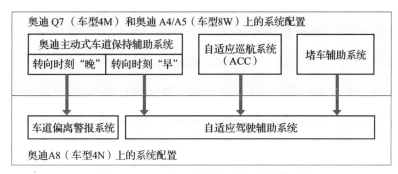

图 6-22　三合二功能自动驾驶辅助系统

汽车电脑维修从入门到精通

6.5.2 驾驶员辅助系统控制单元

奥迪 A7（车型 4K）是奥迪第二款装备有驾驶员辅助系统控制单元 J1121 的车型，该控制单元最早是用在奥迪 A8（车型 4N）上的。与之不同的是，控制单元 J1121 在 A7（车型 4K）并非在全世界所有市场上都是标配的。在欧洲部分国家、加拿大、美国以及中国，每辆 A7（车型 4K）上都装有控制单元 J1121，原因是在这些国家的汽车上都有前部奥迪预防式安全系统，该系统需要控制单元 J1121 来执行功能。

驾驶员辅助系统具体如下：远光灯辅助系统、基于摄像头的交通标志识别系统、横向控制系统（自适应驾驶辅助的车道偏离警报系统和主动式车道保持辅助系统）、紧急情况辅助系统。

控制单元 J1121 是让驾驶员辅助系统控制单元集中的第一步。为了实现"自动驾驶"，奥迪公司正在摆脱使用多个单独的控制单元的分散方式，转而使用一个大功率中央控制单元的方式了。

另外，控制单元还是下述驾驶员辅助系统的主控制单元：周围环境摄像头，因此也就取消了单独的周围环境摄像头控制单元 J928。

横向辅助系统 [首次是用在了 A8（车型 4N）上] 在引入了控制单元 J1121 后，驾驶员辅助系统正面摄像头 R242 就不再是各种驾驶员辅助系统的主控制单元了。在 A7（车型 4K）上，这个正面摄像头仍侦测本车前部区域，但是图像的处理却是由控制单元 J1121 来完成的。控制单元 J1121 是所有以前依靠正面摄像头 R242 来进行计算的驾驶员辅助系统的主控制单元。驾驶员辅助系统控制单元安装位置如图 6-23 所示。

扫一扫

奥迪 A8 驾驶
员辅助系统
控制器

图 6-23 驾驶员辅助系统控制单元安装位置

控制单元 J1121 有两个常用的名称：第一个名称是驾驶员辅助系统控制单元 J1121；第二个名称是 zFAS，zFAS 是驾驶员辅助系统中央控制单元的德文缩写。控制单元 J1121 共有 4 个不同类型，具体使用的是哪个类型的控制单元，取决于车上配备有哪些驾驶员辅助系统。控制单元硬件外观如图 6-24 所示。

A7（车型 4K）上的控制单元 J1121 的备件号与 A8（车型 4N）上的是一样的，都是 4N0.907.107。控制单元类型靠备件号后面的字母来区分。

a）控制单元类型 A/A0

b）控制单元类型 C/D

图 6-24　控制单元硬件外观

表 6-1 列出了驾驶员辅助系统控制单元不同版本系统功能。在 A7（车型 4K）上市时，最低档的控制单元是类型 A0，最高档的是类型 C。高一档的控制单元总是能向下兼容的，比如：类型 C 的控制单元也可用于类型 A0 或者 A 或者 B 列中标记"×"的情形。

此外，表 6-1 还列出了 4 种泊车辅助系统，这些系统是泊车辅助系统的组件。表 6-1 还列出了第 5 种类型的控制单元 J1121，就是类型 D，这个类型的控制单元多出了交通堵塞导航（Traffic Jam Pilot）方面的软件。

表 6-1　驾驶员辅助系统控制单元不同版本系统功能

控制单元类型	不需要 zFAS	类型 A0	类型 A	类型 B	类型 C	类型 D
升级版驻车辅助系统	×					
倒车摄像头	×					
自动泊车辅助系统	×					
变道警报系统	×					
下车警报	×					
后部横向交通辅助系统	×					
夜视辅助系统	×					
车道偏离警报系统		×				
远光灯辅助系统		×				
紧急情况辅助系统		×				
基于摄像头的交通标志识别系统			×			
横向辅助系统				×		
自适应驾驶辅助系统				×		
周围环境摄像头					×	
路缘警报系统					×	
调车辅助系统					×	
泊车导航系统					×	
泊车入库导航系统					×	
交通堵塞导航系统						×

6.6 车身网络控制系统

6.6.1 车身域控制器

车身域控制器（BDC）是车身电子系统中的中央控制单元。中央网关模块（ZGM）作为独立的虚拟控制单元集成在 BDC 中。

BDC 是一个集成众多功能的新开发控制单元。其目的是减少控制单元以及优化组件的联网。通过优化电线束，降低了总线物理容量。

以宝马 5 系 G38 车型为例，下列功能由 BDC 控制：总线端控制；电子禁启动防盗装置和驾驶权限控制装置；具有登车权限和关闭权限控制功能的中控锁；无钥匙便捷上车及起动系统和非接触式尾箱门开启功能；带电动转向柱调整装置的转向柱开关中心；前后部外部照明和制动信号灯；车内照明灯；前后部电动车窗升降机；包括后视镜加热装置的外后视镜；车内后视镜和雨天/行车灯/雾气/光照传感器；带喷嘴加热装置和后窗刮水器的刮水清洗装置；座椅加热装置（如果没有座椅模块）；自动车内空气循环控制系统；燃油箱油位传感器。车身域控制器接口分布如图 6-25 所示。

ZGM 作为组件集成在 BDC 内。ZGM 是控制单元中的控制单元，因为该模块在 BDC 中像一个独立的控制单元一样工作。

ZGM 的任务是将所有总线系统彼此连接在一起。通过连接可以共同使用来自各总线系统的信息。ZGM 能够将不同协议和速度转换到其他总线系统上。通过 ZGM 可将编程数据经过以太网传输到车辆内。

扫一扫

车身域控制器

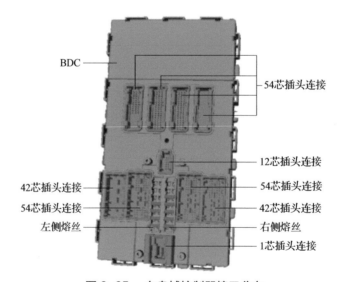

图 6-25　车身域控制器接口分布

BDC 通过 10 个插头与车辆连接。为避免连接时发生混淆，颜色相同的插头外壳采用不同的设码，以此杜绝因疏忽而插错的情况。一个 1 芯插头连接是 BDC 的供电输入端。

根据车型系列，在 BDC 的熔丝组内安装有下列用电器的熔丝：中控锁驱动装置；车外门把手电子装置；冷暖空调、DSC、车载自诊断系统（OBD）；电动车窗升降机驱动装置；车灯操作单元、驾驶员辅助系统操作单元和转向柱开关中心；左侧前照灯驱动器模块和右侧前照灯驱动器模块；雨天 / 行车灯 / 雾气 / 光照传感器；刮水器；喇叭。

6.6.2　车载网络系统

以宝马 G30 车型为例，该车使用以下 K-CAN：K-CAN2、K-CAN3、K-CAN4、K-CAN5。所有 K-CAN 总线的数据传输率均为 500kbit/s。

该车使用的 MOST，数据传输率为 22.5Mbit/s。用于 MOST 的网关位于车载主机（Headunit）内。

FlexRay 概览包含所有发动机型号和选装配置。4 缸 /6 缸发动机采用 DME/DDE。8 缸 /12 缸发动机采用 DME2 和 DME1。用于终止的终端电阻位于控制单元和车身域控制器内。FlexRay 的数据传输率为 10Mbit/s。

该车使用了双线 OABR（OPEN Alliance BroadR-Reach）以太网。带有 5 根导线（4根数据导线和 1 根启用导线）的以太网型号从 OBD2 接口连至车身域控制器。通过双线 OABR 以太网将以下控制单元连接在车载网络上：自适应巡航控制系统、基于摄像头的驾驶员辅助系统（KAFAS）、顶部后方侧视摄像头（TRSVC）、倒车摄像头（RFK）。此外，连接以下控制单元：Headunit、后座区娱乐系统（RSE）、选装配置系统（SAS）、远程通信系统盒。总线网络概览如图 6-26 所示。

宝马 G30 车型全车控制器安装位置如图 6-27 所示。

6.6.3　网关电脑

ZGM 集成在 BDC 内，它可以说是控制单元内的控制单元，因为 BDC 内 ZGM 的工作方式就像是一个独立的控制单元。ZGM 的任务是将所有主总线系统彼此连接起来。通过连接可综合利用各总线系统提供的信息。ZGM 能够将不同协议和速度转换到其他总线系统上。通过 ZGM 可经过以太网将有关控制单元的编程数据传输至车内。

BDC 是 LIN 总线上以下组件的网关：左侧和右侧车外后视镜；驾驶员车门、前乘客车门开关组件；转向柱开关中心；车灯开关；智能型安全按钮；扬声器系统操作单元；车内后视镜；晴雨 / 光照 / 水雾传感器；车顶功能中心（车内照明装置）；左侧和右侧后座区舒适座椅；电动转向柱调节装置；刮水器；中控台操作单元；后部配电盒。

以下控制单元通过 LIN 与 BDC 连接，但 BDC 仅执行唤醒功能而不执行网关或主控功能：附加蓄电池充电单元；智能型蓄电池传感器；电子扇；主动风门控制；数字式发动机电子系统。

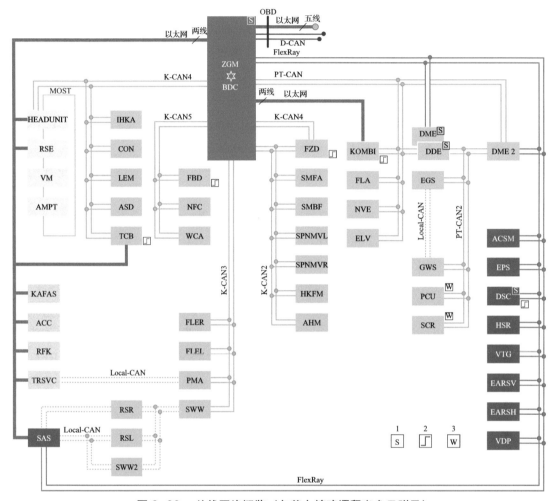

图 6-26　总线网络概览（各英文缩略语释义参见附录）

ACSM—碰撞和安全模块　AHM—挂车模块　AMPT—顶级高保真扬声器放大器　ASD—仿真声效设计
DDE—数字式柴油机电子系统　EARSH—后部电动主动式侧翻稳定装置　EARSV—前部电动主动式侧翻稳定装置
ELV—电动转向锁　FBD—遥控信号接收器　FLA—远光灯辅助系统　FLER—右侧前部车灯电子装置
FLEL—左侧前部车灯电子装置　FZD—车顶功能中心　GWS—选挡开关　HKFM—行李舱盖功能模块
HSR—后桥侧偏角控制系统　IHKA—自动恒温空调　KOMBI—组合仪表　LEM—灯光效果管理
NVE—夜视系统电子装置　PMA—驻车操作辅助系统　RSE—后座区娱乐系统　RSL—左侧雷达
RSR—右侧雷达　SCR—选择性催化还原　SMBF—前排乘客座椅模块　SMFA—驾驶员座椅模块
SPNMVL—左前座椅气动模块　SPNMVR—右前座椅气动模块　SWW—车道变更警告系统（主控单元）
SWW2—车道变更警告系统（副控单元）　VDP—垂直动态管理平台　VM—视频模块
VTG—分动器　WCA—无线充电盒　其余英文缩略语释义参见附录
1—用于 FlexRay 总线系统启动和同步的启动节点控制单元　2—有唤醒权限的控制单元
3—还与总线端 15WUP 连接的控制单元

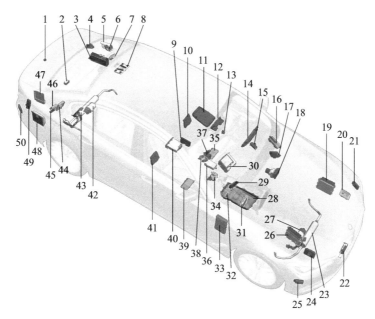

图 6-27　宝马 G30 车型全车控制器安装位置

1—倒车摄像头（RFK）　2—遥控信号接收器（FBD）　3—顶级高保真扬声器放大器（AMPT）

4—车道变更警告系统（副控单元）（SWW2）　5—视频模块（VM）　6—灯光效果管理系统（LEM）

7—仿真声效设计（ASD）　8—远程通信系统盒（TCB）　9—无线充电盒（WCA）

10—左前座椅气动模块（SPNMVL）　11—车顶功能中心（FZD）

12—基于摄像头的驾驶员辅助系统（KAFAS）　13—远光灯辅助系统（FLA）　14—组合仪表（KOMBI）

15—电动转向锁（ELV）　16—倒车摄像头和侧视系统（TRSVC）控制单元　17—选装配置系统（SAS）

18—动态稳定控制（DSC）系统　19—数字式发动机电子系统（DME）　20—左侧前部车灯电子装置（FLEL）

21—左侧雷达传感器（RSL）　22—自适应巡航系统（ACC）　23—前部电动主动式侧翻稳定装置（EARSV）

24—右侧前部车灯电子装置（FLER）　25—右侧雷达传感器（RSR）　26—数字式发动机电子系统 2（DME2）

27—电子助力转向系统（EPS）　28—变速器电子控制系统（EGS）　29—自动恒温空调（IHKA）　30—Headunit

31—夜视系统电子装置（NVE）　32—近距离通信系统（NFC）　33—车身域控制器（BDC）　34—分动器（VTG）

35—驾驶员侧座椅模块（SMFA）　36—碰撞和安全模块（ACSM）　37—选挡开关（GWS）　38—控制器（CON）

39—前排乘客座椅模块（SMBF）　40—后座区娱乐系统（RSE）　41—右前座椅气动模块（SPNMVR）

42—后桥侧偏角控制系统（HSR）　43—后部主动式侧翻稳定装置（EARSH）　44—选择性催化剂还原（SCR）

45—挂车模块（AHM）　46—驻车操作辅助系统（PMA）　47—垂直动态管理平台　48—电源控制单元

49—行李舱盖功能模块（HKFM）　50—车道变更警告系统（主控单元）

第7章
汽车电脑检修方法

7.1 汽车电脑检修要点

7.1.1 汽车电脑常见故障类型

在对汽车电脑动手检修之前，可先对其控制电路（即外电路）进行检查，排除控制系统电路中的故障。外电路故障排除后，如果确定是汽车电脑损坏，可拆壳对汽车电脑板进行检修，经专业的检测诊断与拆换修复后，有 90% 的被损坏的汽车电脑板都是可以修复的。

1. 电源部分故障

一般是在对汽车充电时，充电机电压调整过高，或极性接反，或充电的同时开电门钥匙，甚至起动起动机，或发动机在运转过程中，电池接头松脱，发电机直接给电脑板供电等造成的。这种情况一般会烧坏大功率稳压二极管等元件，更换即可，这种故障比较容易修复。

2. 输入 / 输出部分故障

一般是放大电路元件烧坏，有时伴随有电路板上线路烧断。例如，某修理厂在对一辆雪佛兰轿车翻新烤漆后，发现发动机不能起动，而且如果打开点火开关时间一长，汽油会从排气管、油底壳等处溢出来。打开点火开关后，发现 6 只喷油嘴全部处于全开状态，汽油直接从喷油嘴流入气缸，流满后溢出，检查外电路并未发现问题，可以断定是电脑中的输出控制有故障。打开电脑板检查，发现对喷油嘴的控制信号进行放大的一只大功率晶体管已经击穿短路，造成了喷嘴通电即处于常开状态。更换一只相似型号的晶体管并清理更换发动机机油后，发动机即可正常运转。不少车辆经过烤漆后，再起动时经常会出现各种故障。这是因为经过烤漆后，在汽车内部，特别是电路设备内部积聚了高温和热量，而且这些热量从内部深处散发出来比较缓慢，而电器设备在高温状态下工作极易发生故障。因此在烤漆后不要立即将车开出来，而应经过充分的冷却后方可起动，如果工位紧张需要腾出烤漆房，可以用人力将车推出来，待其充分冷却后，再进行起动。

3. 存储器部分故障

对于可擦除可编程存储器（EPROM 或 EEPROM）出现问题，可进行更换，需找一只已知良好的带有程序内容的存储器芯片，再买一只同型号的空白芯片，通过烧录器，从原芯片中读取程序，再写入到空白芯片中去，可复制出新的可用芯片，最后将新的芯片装上汽车电脑板。一般汽车厂家都规定了最多只能复制 3~7 次，次数超过后就不能再使用了，也有的厂家通过加密手段使芯片一次也不能复制。

4. 特殊故障

被水浸过的车辆，电脑板会出现腐蚀，造成元件引脚断路、黏连或元件损坏，可逐个检查修复或更换元件。例如，某修理厂接修一辆凯迪拉克轿车，故障现象是：发动机正常运转时，如果开 / 闭前照灯或其他电器设备，就会出现排气管放炮现象，严重时可将排气管炸裂。经检查发现外电路并无问题，怀疑电脑有故障，打开电脑盒仔细检测，发现有一处接地线因腐蚀断路，此接地线正是氧传感器的信号屏蔽线通过电脑内部接地的位置，断路使屏蔽失效，而造成氧传感器信号受到其他电器的干扰，经补焊接通后，即恢复正常。

7.1.2　常用电路检测方法

以下示例适用于检修汽车电脑外围接口即电控系统的电路（电源供电与接地电路、传感器及输入信号电路、执行器及输出信号电路）。

下面介绍基本电路检测方法。

1. 电压检测

电压检测是检查某一点是否有电压。

线路检测工具中的正极连接线探针从导线接头的背面插入进行测试。用试灯或电压表检查电压时，先把检测工具的负极与蓄电池负极相连接。试灯或电压表的另一端导线连接到要检测的位置上。

如果检测工具是电压表，显示值比规定值小于 1V 以上，说明电路有故障。如果检测工具是试灯，试灯不能正常点亮说明电路有故障，如图 7-1 所示。

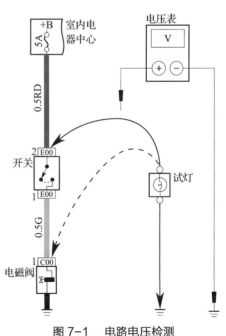

图 7-1　电路电压检测

2. 导通性与电阻检测

断开蓄电池端子或线束，使检查点之间不存在电压。将欧姆表的两根引线与每个检查点连接，如图 7-2 所示。将功能选择开关旋到通断测试挡，保证此时显示出"•))"，如不是，按 Ω •)) 模式开关。将测试笔接到测试电路。如果电路接通，蜂鸣器会响。

如果电路有二极管，应对换两根引线并再次检查。将负极引线和二极管正极连接，正极引线和二极管负极连接时应导通，将两根引线对换时应不导通，如图 7-3 所示。

图 7-2　导通性与电阻检测

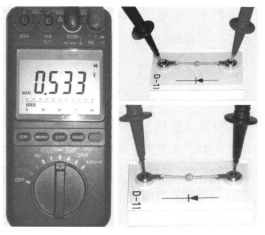

图 7-3　检测二极管性能

使用高阻抗（最小 $10k\Omega/V$）电压表/欧姆表对电路进行故障排除。

3. 电路短路检测

断开蓄电池负极线束。断开熔丝所有相关的电气负载，把自带电源试灯或万用表的一根导线连接到熔丝的输出端子上。把自带电源的试灯或万用表的另一导线接地。

自带电源试灯亮，表示所测部分前端有接地短路故障；使用万用表时，电阻低于 5Ω，表示所测部分前端有接地短路故障，如图 7-4 所示。

位置 A：点火开关置于 ON 位置。

位置 B：点火开关置于 ON 位置且开关 1 打开。

位置 C：点火开关置于 ON 位置、开关 1 打开、继电器接通（连接继电器）且开关 2 关闭（或断开开关 2）。

观察试灯的同时断开并重新连接插接器，在

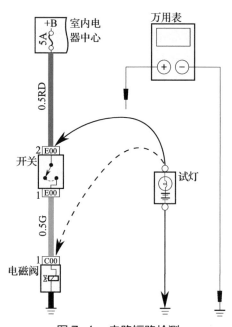

图 7-4　电路短路检测

使试灯一直亮的插接器和使试灯熄灭的插接器之间存在短路。沿主线束轻轻摇动故障线束，找出短路的确切位置。

4. 电压降检测

电压降检测经常用于查找电阻过大的零部件或电路，电路中的压降是由电路工作时电阻造成的。检查电线的方法是，当用数字万用表测量电阻时，连接单股导线时的读数将为零，表示电路正常。但是，当电路工作时，单股导线不能承载工作电流，单股导线将对电流产生高电阻，这样就会产生一个小压降。

下列情况可能产生附加电阻：

1）电线太细（例如单股导线）。

2）开关触点腐蚀。

3）电线连接或缠接松动。

进行修理时，一定要用等粗的或更粗的电线。电压表正极导线连接到接近蓄电池的导线的一端（接头侧或开关侧）。电压表负极导线连接到导线的另一端（接头或开关的另一侧）。

断开或接合开关，使电路工作。电压表将显示两个点之间的电压差，如图 7-5 所示。

如果电压差超过 0.1V（5V 电路应小于 50mV），表明电路上有故障，检查松动、氧化或腐蚀的连接电路。

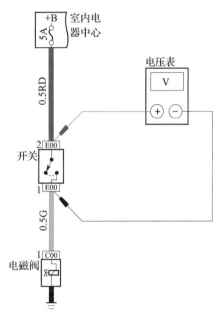

图 7-5　测量电压降

下面介绍控制单元电路测试的方法。

1. 开关在控制装置前的电路测试

如图 7-6 所示，当开关处于 ON 位置时，控制单元会点亮灯泡。

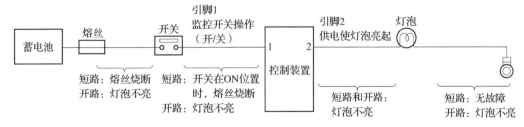

图 7-6　开关在控制装置前的测试

该测试电路输入 / 输出电压值见表 7-1（表中的电压值是以车身接地为基础设置的）。

表 7-1　开关在控制装置前的测试电路输入 / 输出电压值

引脚号	项目	状态	电压值 /V	单固导线的高阻值情况下电压值 /V
1	开关	开关 ON	蓄电池电压	低于蓄电池电压，约为 8
		开关 OFF	约为 0	约为 0
2	灯泡	开关 ON	蓄电池电压	约为 0（灯泡不亮）
		开关 OFF	约为 0	约为 0

2. 开关在控制装置后的电路测试

如图 7-7 所示，当开关处于 ON 位置时，控制单元会点亮灯泡。

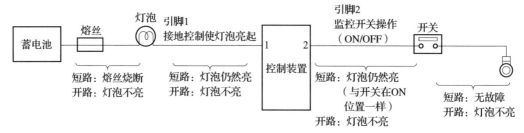

图 7-7　开关在控制装置后的测试

该测试电路输入 / 输出电压值见表 7-2（表中的电压值是以车身接地为基础设置的）。

表 7-2　开关在控制装置后的测试电路输入 / 输出电压值

引脚号	项目	状态	电压值 /V	单固导线的高阻值情况下电压值 /V
1	灯泡	开关 ON	约为 0	蓄电池电压（灯泡不亮）
		开关 OFF	蓄电池电压	蓄电池电压
2	灯泡	开关 ON	约为 0	高于 0，约为 4
		开关 OFF	约为 5	约为 5

7.1.3　汽车电脑芯片级维修

在一般电控系统维修中，维修技师一般先采取"闪码法"或"显码法"，再用电脑诊断仪器来进行故障定位，确定故障范围。这种故障诊断模式对各种车用传感器及各种执行器的故障检测定位可以说非常有效。但这隐含着一个前提：汽车电脑一般是不会发生故障的（在维修时一般也看作一个黑匣子）。上述诊断模式，以故障发生概率大小来确定检测顺序，是无可非议的，是合理的，但实践中经常发生下列问题：所有执行器动作正常，所有传感器信号在规定范围之内，进行了一系列调校之后，故障现象依旧。对汽车电脑是否发生故障又不敢贸然下结论，即使通过电脑互换之后确诊为电脑有故障，但当打开电脑控制盒后，面对陌生的芯片与各种贴片元器件，如何维修也是无从下手，于是只好更换新的车用电脑。

汽车电脑芯片级维修具体指的是对电脑拆解后，在电脑电路主板上进行检测维修，更换受损芯片或修复电路从而恢复电脑性能。

确诊汽车电脑故障，需解决以下三个问题：首先是汽车电脑为什么会发生故障，也就是找故障原因；其次是哪些元器件、芯片最容易发生故障，即发现故障规律；最后是如何诊断或诊断的方法与技巧。

自从在汽车中引入电子控制设备后，这些电子设备一直被安装在车内相对比较好的环境之中，但是与那些在其他场合中所使用的电子设备相比，车内的环境条件仍然是相当恶劣的，因为安装在汽车中的电子设备是暴露在干热、潮湿、振动、雨淋、水浸、浪涌电压冲击及其他电压突变条件之中的。车内的恶劣条件包括：发动机罩内的温度可高达 100℃，汽车仪表板顶部的温度可达 90℃，车尾行李舱的温度可达 65℃；温度突变而引起结露现象，从而引起渗水侵蚀，最终导致引脚断裂问题；某些汽车部位加速力可达 20g；各种负载与汽车蓄电池频繁通／断所引起的汽车蓄电池供电电压频繁地大幅度变化而对电子元件造成电压冲击。实际上，上述情况可能变得更糟。上述汽车电子元器件的工作环境特别是温度、湿度、电压冲击易引发电脑系统的故障。

循着上述引发故障的原因，可推断在汽车电脑中发生故障的部位，这些推断在实际维修中得到了印证：

1）"功率板"。功率板上驱动电流较大，极易导致功率板发热，这是电脑中最易发生故障的部分；某些汽车喷油嘴不喷油，某些汽车突然熄火，其终极原因往往是功率驱动电路发生击穿。

2）"源板"。包含电源和信号源。由于浪涌电压的存在，许多元器件易出故障，最常见的是出现贴片电容（高频黄色钽电容）、贴片电阻、贴片二极管甚至某些重要芯片的周边外围保护电路连同 PCB 上的铜布线一起烧坏（某些制造商如丰田公司的外围电路采用 4 位辅助 CPU 以增加系统的设计参数的伸缩性），此种情况是最常见的电脑故障。

3）"存储器"（PROM 或 EEPROM）。由于在运行过程中浪涌电压的冲击，程序存储器中出现某些字节丢失的现象，汽车发动机或其他被控制对象出现运转失常；或者事故发生后，EEPROM 中的内容被改写为异常状态，导致系统暂时故障，如日产 SRS 出现故障后，更换新总成后故障灯一直点亮，就是因为 EEPROM 中的内容已非正常状态下内容。

4）微控制器（CPU）。这是控制电脑中最不易出故障的部分，CPU 的设计寿命一般为数十年或更长。只要不是进水腐蚀掉引脚，CPU 运行一般不会出现问题。

在汽车电脑维修中，确诊汽车电脑故障的方法一般有：

1）自诊断方法。微处理器内部如果偶尔发生故障，控制程序的例行程序就不可能正常运行，电脑就处于异常工作状态，这样，便因汽车电脑本身故障而使汽车无法运行。为保证汽车在电脑本身出现故障时仍能继续运行，电脑故障自诊断系统能显示其故障，并记录下故障码；同时自动调用后备回路，进入简易控制运行状态，用固定的控制信号，使车辆继续行驶，此时将故障指示灯点亮。此种状态下，利用固化于电脑内部的程序存储器（ROM）中的基本设置参数进行控制，若电脑的 ROM 出现异常，则电脑根据随机存储器（RAM）的记忆参数计算出控制信号。此时车辆的运行情况恶化。

2）检测法。试运行工况的各种参数信号，并对汽车的相应工作情况进行检测，可顺利判断是否是微处理器本身的故障（将输入信号直接由电脑端子输入即可）。

3）观察法。打开汽车电脑盒，仔细观察电路板有无元器件烧焦并有异味，此方法对贴片元器件很有效。

4）总成互换法。这是最可靠的方法，将同一车型、同一发动机、同一配置的车型的电脑进行互换，则可直接可靠地判断是否是电脑的故障。

经确诊之后即可进行汽车电脑维修，此时要解决两个问题：一是修什么；二是怎样修。

从维修成本出发，若确诊汽车电脑本身存在故障，不要轻易更换电脑，应注意与其密切相关的外存储器 ROM/PROM/EPPOM/EEPPOM 是否损坏，这些存储器损坏的概率一般较其他元件高。若是程序芯片损坏，可到旧车市场购买报废车的车用电脑（车型要相同，配置要一样），进行拆件替换，这是因为程序芯片中的运行程序都是加密固化的，一般很难从市场上买到，除非同特约维修站或各大制造商的海外办事处联系。

下面重点谈一下芯片维修操作用的编程器：

编程器的作用有两个：一是将调试好的程序固化到 EEPROM 中；另一个是将 EEPROM 或将未加密的 PROM 中的内容读出来，进行修正后再写入芯片。目前，在我国市场上销售的日产风度发生碰撞气囊爆开后，经维修"SRS"灯仍亮；若要将此灯熄掉，需更换气囊电脑 EEPROM 芯片 93C46，而不必更换整个电脑。因为 93C46 芯片存储有事故发生一瞬间的关键数据，若将其他风度车上的气囊电脑的 93C46 芯片拆下，将里边的程序用编程器读出，存储在计算机硬盘中，遇到气囊"SRS"灯维修后继续亮的情况，可将存储在硬盘中的程序用编程器写入一个空白的 93C46 芯片中，然后更换之即可。

与此情况相类似，大众桑塔纳汽车的防盗电脑，里面芯片也为 EEPROM，只要稍懂操作，不难弄清如何更换电脑。

注意，某些汽车（通用 GM 动力传动电脑，宝马 BMW 750i 仪表电脑及其他含有 EEPROM 的电控单元）若更换新电脑，则需对电脑板上 EEPROM 进行编程，否则系统将会出现故障码。带有 EEPROM 的发动机电脑编程由该公司授权的经销商使用最新软件版本的编程仪器通过汽车诊断插头来完成（通用汽车使用 Techline）。

7.2 汽车电脑板检修方法

7.2.1 目视检查法

目视检查靠修理人员的视觉去观察电路、元器件等的工作状态，从中发现异常现象，直接找到故障的部位和原因。拿到有问题的 ECU，第一个步骤就是仔细观察，从中可以了解 ECU 的一些基本信息，比如 ECU 型号、应用车况、外部连接引脚情况。有些问题在不开盖的情况下就能看出来，比如 ECU 引脚因进水而腐蚀，这样通过看，就可找到问题根源，同时看的过程也可以对不同车型所装备的 ECU 有一个很直观的认识。当然，大部分 ECU 的损坏从外表是看不出来的，这个时候就需要开盖检查了。由比较严重的外部引线短路引起的故障一般多会引起 ECU 内部相关元件烧蚀，有时可以直接看到内部受损的部件引脚，如图 7-8 所示，因此，这种故障一般是可以直接看到的。

此方法简易、方便，能够直接发现故障部位；但是收效低，这是因为许多故障从元件等外表上是发现不了的。目视检查法适用于各种故障的检查，尤其是对于一些硬性故障，如 ECU 内部引线腐蚀、元件冒烟等故障的检查效果立竿见影。很多时候目视检查法单独使用效果并不理想，与其他方法配合使用往往会事半功倍。同时，对于目视检查的结果有怀疑时，要及时采用其他检查方法进行核实，不要放过疑点。

图 7-8　汽车电脑板上腐蚀的部件引脚

7.2.2 接触检查法

这种方法应用具有一定的局限性，因其检测过程中，要求 ECU 必须是在工作的状态下进行，可以通过接触去寻找故障点。在对可疑元件接触的过程中，感知其温度，再与正常情况下进行比较，以判定其工作是否正常。这其中也包含嗅觉方面的接触，比如有的汽车电脑板因元件表面覆盖的保护胶质材料，可能直接看不到，但是一般打开 ECU 盖板时就可以闻到那种烧蚀的焦煳味。

此方法方便、简单、实用、针对性强，能够直接发现故障部位；有丰富的接触检查经验，才能获得准确的检查结果。接触检查法主要适用于发热元件（指一些工作在大电流工作场合下的元件），如电磁喷油器、各种电磁阀和电动机的驱动元件、点火功率元件等。在检查的过程中要注意以下方面：接触检查法要靠平时维修中积累的经验，也可通过与正常运行的系统相关元件进行比较；接触检查中，因为一般来说 ECU 是处于工作状态下，要格外小心，避免手直接接触到元件的引脚部分，以免引起新的故障，扩大故障范围；同时，因 ECU 在车内的引线一般来说不是很长，而且多安置在一些较低的位置，检查过程中，ECU 要放置平稳，注意线路板或电子元件与其他部分（尤其是车身底盘金属）保持安全距离，以免线路搭铁，造成不可维修的故障。

7.2.3 故障再生检查法

故障再生检查法是有意识地让故障重复发生，并力图使故障的发生、发展、转化过程变得比较缓慢，以便提供充足的观察机会，如次数、时间和过程，在观察中发现影响故障的因素，从而查出故障原因。此方法应与其他方法配合运用。

对于汽车电脑来说，有些间歇性的故障是在一些特定的环境下出现的，因此，为了让故障重现，可以采取一些必要的措施。比如，有的故障是在频繁、剧烈的振动情况下出现，这个时候就可以人为地模拟这种环境，拍打、敲击 ECU 壳体，拉动 ECU 连接处的线束插头，当然要掌握一定的力度，不要真的给"打"坏了；再如，有些故障是在高温情况下产生的，这个时候需要打开 ECU 的盖板，可以采用电吹风或热风枪对可疑部位进行加热，以求故障再现。这个过程同样要注意，温度不能调得太高，风口与 ECU 电路板要保持一定的安全距离，一般 20cm 左右，以免温度过高而使半导体元件损坏。

此方法主要适用于一些间歇性出现的问题，即汽车电脑时好时坏，对于一直处于"坏"状态的电脑则不起作用。

7.2.4 对照检查法

对照检查法是一种利用比较手段来寻找故障部位的检查方法。通常用一个工作正常的 ECU ，测量其关键部位参数，包括电压、电阻等。运用移植、比较、借鉴、引申、对照等手段，查出不同之处，找出故障部位和原因。理论上讲，大部分故障都可以采用此方法检测出来，因为只要有标准物，将有故障的系统与之进行仔细对比，必能发现不同之处，找出故障原因。

对照分为实物对照和图纸对照。实物对照即需要找到同型号的车辆，对其两块电脑进行工作对比，但实现起来困难较大，没有哪个人会把自己好端端的车子让别人拆开研究。对于图纸对照来说，出于技术上的原因，ECU 的原理图一般很难搞到，但不是说这样就无法对照了。

当通过检查已经将故障缩小到某一个集成电路中，此时可按其型号查找其技术文档，了解其典型应用电路、各引脚功能。通常典型应用电路与实际应用电路是相同的或十分相近的，这样就可以用典型电路来指导维修。

实际维修中通常的情况是，ECU 内的元件统一编号，或者为"定制"产品，没有资料可查，这也是一个切实存在的问题。只能注意平时多加收集，参考国外有关网站，加强理论知识学习，善于根据电路连接形式，逆向分析其结构，配合其他方法，进一步深入检测。

7.2.5　代换检查法

代换检查法的基本思路是用一个质量可靠的元器件（或工作正常的电路）去代换一个所怀疑的元器件（或电路），如果替代后工作正常，说明怀疑正确，故障可排除；如果替代后故障现象不变，也会消除原先的怀疑，可缩小故障范围。

代换检查法适用于各种故障，但在有选择的情况下采用，成功率会高得多。在运用代换检查法的过程中，要注意以下方面：在个别情况下，一个故障是由两个元件造成的（两个故障点），此时若只代换了其中一个元件则无收效，反而认为被替代的元器件是正常的，容易放过故障点；代换检查法通常是一个小范围内用来针对某一个具体元件的检查方法，所以它是在其他方法已基本证实某个元件有问题后才采用；盲目代换往往会对线路板、元器件造成伤害；对于集成电路这样的多引脚元件，采用代换检查法更要慎重，通常是在有较明确的结论后才进行代换检查；同时，在代换操作过程中，拆焊元件要在断电的情况下进行。

7.2.6　电压检查法

电压检查法主要是对 ECU 内关键点的电压进行实时测量，以找出故障部位。这些关键点主要是各集成电路的供应电源、线路中连接蓄电池的主电源、受点火开关控制的电源、内部经过集成稳压器或调整晶体管输出的稳压电源。一般来讲，电路中的数字电路、微处理器等均工作在 5V 或更低的工作电压下，12V 的蓄电池电压是无法直接加到这些元件的电源引脚上的，必须由稳压电路为其工作提供合适的工作电压。稳压电路在降低电压的同时可滤掉脉冲类干扰信号，以避免对数字电路的工作带来影响。

对于这些关键电路的供应电源来讲，工作期间是固定不变的，但是最好的测量方法是静态下（车辆开启电门但不起动），采用数字万用表对 ECU 内的集成电路的供电进行检查，当相关电源电路工作失常时，往往会影响较大面积内的元器件，导致其不能工作。采用此种方法简便易行，除万用表外，不需要什么专用仪器。

7.2.7　电阻检查法

电阻检测法是利用万用表的欧姆挡，通过检测线路的通与断、阻值的大与小，以及通过对元器件的检测，来判别故障原因和故障部位。此种方法主要用于元器件和铜箔线路的检测。

对于元器件的检测，除了常规的电阻、二极管、晶体管等外，一些集成电路也可以采用此种方法进行检测。对于集成电路来讲，如引脚功能结构相同、外电路结构相似，那么正常情况下，其对搭铁电阻是十分接近的，因此可以使用数字万用表对其进行正、反向（调换表笔方向）的测量，然后将测量值进行比较，找出故障点。这种测试方法对于一些找不到芯片资料而元件外部连线结构形式相同的集成电路来说是一个很好的测量方法。

铜箔线路开裂、因腐蚀而造成的断路也是经常发生的故障。开裂可能是由外力的影响而造成的，而 ECU 进水是造成铜箔腐蚀断路的主要原因。很多车辆的 ECU /ECM/PCM 安装于驾驶室的地板下或侧面踢脚板的旁边，在一些特殊情况下，ECU/ECM/PCM 内很容易进水，如不及时处理，铜箔在水气的作用下会逐渐腐蚀，直至故障完全表现。

在分辨铜箔线路走向时，可用万用表电阻挡。若一条铜箔线路很长，弯弯曲曲，为了证实它的两端焊点是相连的，可对其两端点进行电阻值的测量，电阻值为零说明是同一条线路。

7.2.8 　波形检查法

波形检查法是采用汽车专用或通用示波器，对 ECU 中关键点的波形进行测量。对微处理器（MCU）的相关引脚进行测量，得知其是否正常运行。对于 89C51 来说，石英晶体振荡器输入端正常状态为标准正弦波，其 ALE 端为 1/6 时钟频率的脉冲波。其他微处理器也有类似功能引线。

对于外围元件也可以使用此种方法进行测量，比如一个点火线圈不工作，在排除 ECU 外部相关元件及连接线路的可能性后，可以使用示波器直接测量 TLE4226G 的信号输入端（ IN1~IN4 ）。正常状态下，四个输入端的信号形状应该是相同的，不同的是时间轴，这一点采用双踪示波器可以直观观察到。通过对输入信号的测量，可知问题出在哪个元件（MCU 还是 TLE4226G），根据诊断结果进行下一步的维修。不仅如此，示波器可以直接观察各种传感器的输入信号，经过电脑内输入电路后送给 MCU 或 A/D 转换器的信号，MCU 的输出信号及各种驱动器输入／输出（I/O）信号等，因为它能真实地再现信号的形态，真正做到"有图有真相"。

7.2.9 　信号注入法

信号注入法是采用函数发生器（信号发生器）向电路输入信号，在输出端观察执行器的动作情况，或在输出端连接示波器或万用表，根据示波器指示的波形和万用表显示的信号电平大小来判断故障范围。采用该方法一般应对电路的结构有比较深层次的了解，对相应的功能电路的输入输出信号的正常波形要有所了解，这样在车辆不工作的状态下，人为地模拟相关的信号，才能对车辆相关电路进行故障判断。另外，该方法需要有专门的仪器设备，引线较多，操作麻烦，但对于解决一些疑难问题来说，是一个很好的方法。

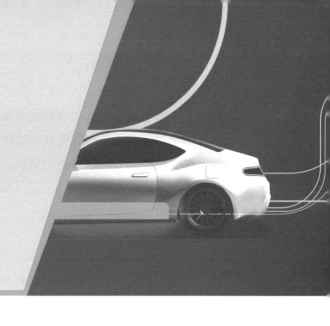

第 8 章
汽车电脑检修技术

8.1 常用检测设备与测量技术

8.1.1 试电笔

试电笔在电路检修中的使用方法是，把试电笔的接地端连接到接地体上，用另一端即测杆接触到要检测的电路，如果电路没有断路点，试电笔上的信号灯就会亮，如果灯不亮，证明电路不连接，有可能断路。依次改变测试点，就可以找出断电点的位置。汽车电路检测常用的试电笔如图 8-1 所示。

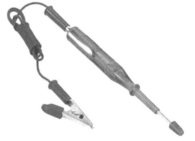

图 8-1　汽车电路检测常用的试电笔

大部分车辆的金属车架是与电瓶负极相连的，这类车辆搭铁测试时，如果被测点有电，则指示灯亮。小部分车辆的金属车架是与电瓶正极相连的，这类车辆搭铁测试时，如果被测点与负极导通，则指示灯亮。

具体的线路测试方法要结合汽车电路来选择。如图 8-2 所示，将金属夹子搭铁（夹在车体金属上），将试电笔点触熔丝，灯亮，表示熔丝通电。

图 8-2　汽车试电笔的使用

如果汽车试电笔的金属笔尖裸露的金属太长，可以用电工胶带包起来一部分，避免在测试过程中触碰到其他电路，造成测试错误或发生短路故障。

测试时尽量使用笔尖对接头进行测试。如需寻找线路，可在笔尖上连接一把小型壁纸刀，用刀刃轻轻割破线皮连接到金属导线上进行测试。测试完成后，一定要在电线破口处包上电工胶带。

8.1.2 试灯

试灯分无源和有源两种，所谓有源就是自身带电源的。无源试灯手柄是透明的，里面装有发光二极管或小灯泡，手柄的一端装有带尖的探头，另一端引出一根带夹子的接地线，如图8-3所示。有源试灯使用时需要将电路的电源断开，接地夹子接负载的接地端，探头接馈电线，如果电路是连通的，内装电池便将灯点亮，如果电路不连通（证明电路有断路），灯就不亮。

图8-3 汽车电路检测用试灯

与车用试电笔一样，试灯可用于检查电路是否断电或接地，但不能检查电脑板和电脑板之间的连接电路，这可能会烧损电脑元件。对汽车电脑电路的检查可以使用发光二极管试灯或万用表进行。

1. 使用试灯查找电气系统的开路故障

如果电器通电后不工作，故障排除时可用正极灯测量电器负极端子。如果试灯不亮，则负极端子电路开路；如果试灯点亮且亮度正常，则负极端子电路正常。然后用负极灯测量电气线圈的正极。如果试灯亮，说明电器本身有故障；如果试灯不亮，则表示电器正端前的电路开路。

如果正端电路涉及的开关和联锁触点较多，短时间内难以识别故障点，应采用优化方法，从电器正端电路中间分段查找故障点，既缩小了测试范围，又缩短了查找故障的时间。

2. 使用试灯查找电气系统的虚拟连接故障

汽车在使用过程中，由于电触点氧化、松动或接线松动，电路断开接通，汽车高速振动时电气动作异常。由于这类故障多发生在汽车行驶中，停车后故障现象立即消失，因此尽量根据故障现象和电路中各电器联锁触点和接线的特点直接判断。

如果不能直接判断，可以采用短路的方法，将所有联锁触点分段短路，直到电器动作恢复正常，方可判断短路的联锁触点是虚接状态的。但需要注意的是，属于保护装置的电路不能长时间短路而使其失去保护功能。

8.1.3　跨接线

汽车电路维修用跨接线（图 8-4）就是一段可长可短的多股导线，两端分别接有鳄鱼夹或者不同形式的各种插头，可以在不同的场合下使用。汽车电工一般都备有多种形式的跨接线。跨接线可用来替代被怀疑有断路故障的导线，也可以在不需要某部件的功能时，用跨接线将其短路，以检查部件的工作情况。此外，在汽车电控系统的故障自诊断中，常常需要用专门的各种形式跨接线（跳线）跨接在专用检测接口内规定的插座或插头上，以完成调取故障码的作业，使检修人员能顺利地进行故障诊断。

图 8-4　汽车电路维修用跨接线

当检查电器的供电时，用跨接线的一端接蓄电池正极，另一端则直接连接到电器正极，以便为要检查的部件（如灯泡）直接提供 12V 电源。如灯亮，则说明电器的供电部分有故障。可用跨接线旁路掉电路中的开关、导线、熔丝和插接器等，以检查这些部件是否连接正常。跨接线还能用来将电路中要检查的电器负极或搭铁线直接搭铁。使用带熔丝的跨接线可以保护被检测电路，如测试因电器短路造成故障的电路。

8.1.4　万用表

万用表是汽车电路故障检修中用得最多的一种工具，按结构与测试结果的显示不同，有指针式（普通）万用表与数字万用表之分。现在检测用数字万用表的为多。数字万用表不仅可以用来检测线路的通断、元器件的电阻值、电压值，有的还可以检测频率信号、电流信号、温度、电容量、晶体管等，如图 8-5 所示。

在汽车电子电路检修中，万用表常用来检测电路的电阻、线路的通断、电源供电电压与元件工作电压等。

1. 用万用表检测电阻

电阻器作为组件也在车辆电路中使用，同时线路的状态也可以使用阻值来判断。欧姆电阻值用数字万用表欧姆挡测量。

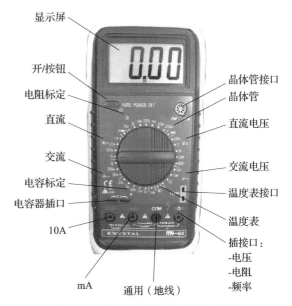

显示屏
开/按钮
电阻标定
直流
交流
电容标定
电容器插口
10A
mA
通用（地线）

晶体管接口
晶体管
直流电压
交流电压
温度表接口
温度表
插接口
-电压
-电阻
-频率

图 8-5　汽车电路检测用数字万用表

注意：测量电阻时，电路一定不能通电，否则可能会损坏仪表。

将红表笔插入 VΩ 插孔，黑表笔插入 COM 插孔。将功能开关置于 Ω 挡，选择合适的量程，将测试表笔并接到待测电阻两端，如图 8-6 所示。

欧姆表具有一块内置电池（工作电压通常为 9V）。待测电阻与一个电流表一起串联到该供电电源。

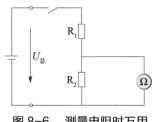

图 8-6　测量电阻时万用表的接入方式

注意：数字万用表测量电阻时所用的测量电流非常小，这可能会造成对有关电子部件的显示不准确。因此，数字万用表具有检测导通性和二极管的专用挡位。

测量电阻时要注意以下几点：

1）测量期间不得将待测部件连接在电压电源上，因为欧姆表使用本身的电压电源并通过电压或电流确定电阻值。

2）待测部件必须至少有一侧与电路分离，否则并联的部件会影响测量结果。

3）极性无关紧要。

万用表与待测对象连接在一起并选择正确测量范围后，显示屏上会以数值形式直接显示出电阻。此外，万用表也可用于检查导通性。

注意：导通性测量的挡位不能确切测出电阻值。

在测量时也要注意两表笔短接时读数，此读数是一个固定的偏移值。为了获得精确读数，可以将读数减去红、黑两表笔短路读数值，为最终读数。

2. 用万用表测量电压

将黑表笔插入 COM 插孔，红表笔插入 VΩ 插孔。需要选择交 / 直流选项以及量程，并将测试表笔连接到被测负载或信号源上，在显示电压读数时，同时会指示出红表笔所接电源的极性。

用电压表测量电压。电压表始终与用电器、元件或电压电源并联在一起，如图 8-7 所示。

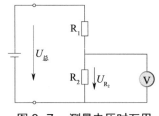

图 8-7　测量电压时万用表接入方式（测量 R_2 电压）

电压表的内阻（固有电阻）必须越大越好，以确保尽可能减少电压表对被测电压的影响。数字万用表具有非常大的内阻（$R_i > 1\mathrm{M}\Omega$），被测阻值越小，测量的误差越小。

用电压表测量时要注意以下几点：

1）必须设置电压类型，即交流电压或直流电压（AC 或 DC）。

2）测量直流电压时注意极性。

3）如果不知被测电压范围，则首先将功能开关置于自动或者最大量程，后视情况降至合适量程。电压表一般有几个可供选择的挡位，仪表不同，各挡的量程可能不同，所选择的量程应以得到最精确读数为准。当液晶显示屏（LCD）只在最高位显示 1 或者 OL 时，说明已超量程，必须调高量程。

4）测量时电压表必须始终与待测量的对象并联。

5）测量高电压时，要格外注意，以避免触电，同时不要输入高于仪表量程的电压，有损坏仪表内部线路的危险。

6）测量后要将电压表调到最大的交流电压量程。

8.1.5　示波器

很多传感器和执行器的信号是采用电压、频率或其他以数字表示的信号，在发动机实际运转过程中，由于信号变化很快，我们很难从这些不断变化的数字中发现问题所在，所以我们可以利用汽车电路故障检测用示波器（图 8-8）的相关检测功能对电控发动机系统里的曲轴传感器信号、凸轮轴传感器信号、氧传感器信号、某些型号的空气流量计信号、喷油嘴信号、怠速电机控制信号、点火控制信号等进行检测，用示波图形的方式直观地为我们提供参考。当我们拿所测信号波形与标准信号波形相比较时，如有异常之处，则表示该信号的控制线路或电子元件本身出现了问题，需要进一步详细检查。利用示波器来检查电子信号也对维修者提出了较高的汽车维修理论知识要求，需要维修者能较熟悉被测传感器或执行器的工作、控制原理，并对示波器具有一定的操作技巧，能正确地观察波形（波峰、波幅等），否则很难利用好这个工具。

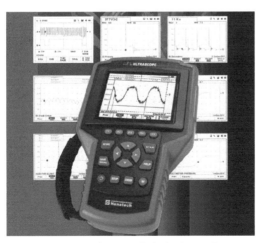

图 8-8　汽车电路故障检测用示波器

不少诊断仪自带示波器功能，以宝马汽车专用检测仪 IMIB R2 为例，单击如图 8-9 所示的 1 选项可进入示波器功能。

在起始界面选择示波器功能后，显示 IMIB R2 示波器功能如图 8-10 所示。

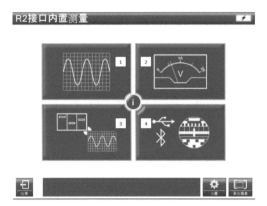

图 8-9　IMIB R2 检测仪主要功能

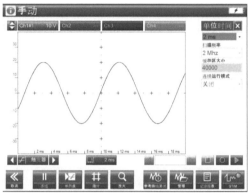

图 8-10　IMIB R2 示波器功能

如图 8-11 所示，选择测试通道（四通道）。示波器可同时显示 4 个测试通道的信号波形，信号源可从两路测试表笔或外围传感器输入，未经选择和配置的通道以"---"来表示，通道设置可在测量中进行，不同通道以不同的颜色加以区分。例如：图 8-11 中的绿色通道，CH1 表示是通道 1，#3 表示信号源是从 IMIB R2 的 #3 号接口进入，10A 表示测量标尺的刻度范围。其他通道以此类推。

图 8-11　测试通道（四通道）

通过单击触发器按钮可以进入触发器设置界面，如图 8-12 所示，设置选项列在屏幕的右侧，在设置前首先选择"打开"触发器。

触发点的设置如下：

"线"选项：如果选择了"打开"，就会在屏幕上出现触发器的在水平位置上的标线，如图 8-13 中的红色虚线所示。

图 8-12　触发器设置界面

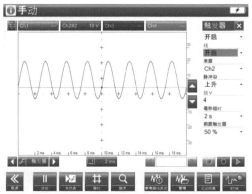

图 8-13　触发器的设置

"级 V"选项：可使用键盘或 IMIB R2 的按键手动输入触发点的位置，如图 8-14 所示，触发点的信号电压为 10V。

"前置触发器"选项：设置触发点在屏幕上左右位置，如图 8-14 所示，触发点处于屏幕横向 15% 的位置。

触发方式的设置如下：

"脉冲沿"选项（图 8-15）：通过该选项可改变触发沿的位置。

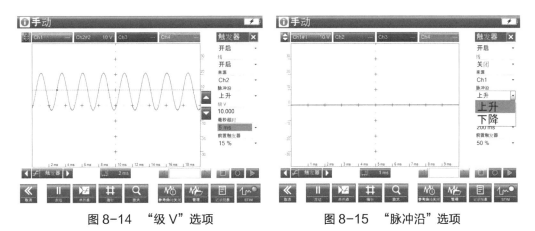

图 8-14 "级 V"选项   图 8-15 "脉冲沿"选项

"毫秒超时"选项：如图 8-14 所示，如果信号满足触发点的设置，则显示在屏幕上，如果信号没有满足触发点的要求，则会在设定的超时时间后对信号进行采样并进行显示。如果超时的时间选得过短，则不能释放新的触发，测量信号直接"穿过"显示屏幕。

激励器的使用方法如下：

在屏幕显示区域的右下方有"激励器"功能按钮，可进行设置并输出不同种类信号源，如图 8-16 所示。

单击按钮"STIM"进入激励器设置，如图 8-17 所示。

图 8-16 IMIB R2 激励器功能   图 8-17 激励器设置

如图 8-18 所示，输出的电压信号被设置成：

1）信号电压振幅 =12V。

2）信号偏移量 =0V。

3）信号频率 =300Hz。

4）信号检测比例（占空比）=10%。

图 8-18 中，绿色按钮表示信号输出已被激活，"离开"按钮表示可在保持信号输出被激活的状态下离开设置界面，继续其他功能测试。

其他按钮功能如图 8-19 所示，在屏幕的下方有一排按钮，分别代表不同的功能：

"取消"按钮：单击该按钮，回到主菜单界面。

"冻结"按钮：单击该按钮，冻结所显示的全部画面。

"单热点"按钮：单击该按钮时，一旦满足触发条件，就显示已记录的数据，不进行新的触发。

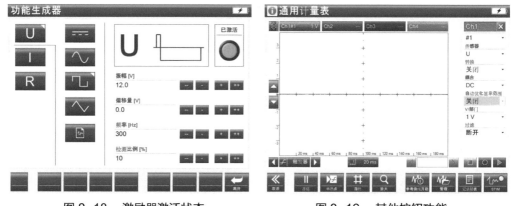

图 8-18 激励器激活状态   图 8-19 其他按钮功能

"指针关"按钮（图 8-20）：第一次单击，出现时间轴标尺，第二次单击，出现信号幅值标尺，第三次单击，则同时出现时间轴标尺及幅值标尺。单击标尺线后，可通过触摸屏或键盘上下左右箭头按键调整标尺位置。

"放大"按钮：单击放大按钮可按比例放大所显示的信号波形，图 8-21 中"×2"指的是放大 2 倍。

"参考曲线关闭"按钮：单击该按钮可在信号测试的同时显示已预先存储在设备中的信号波形，如图 8-22 所示。

"管理"按钮：通过"管理"按钮可对文件进行管理，如添加新文件夹、重命名或删除文件等。在"管理"功能下单击"保存新曲线"可对当前测试信号进行保存，保存后的信号可以在"参考曲线关闭"功能中重新调用，如图 8-23 所示。

"记录报表"按钮：在进行测试信号时，可随时单击"记录报表"按钮，捕捉屏幕信息并生成报表，该报表默认为 PDF 格式，可保存在外部存储介质中。

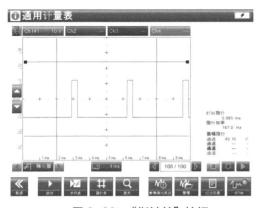

图 8-20 "指针关"按钮

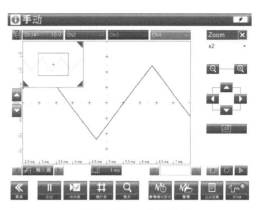

图 8-21 放大功能

图 8-22 参考曲线

图 8-23 波形的保存

8.1.6 模拟器

元器件模拟式测量是通过信号模拟器替代传感器向控制电脑输送模拟的传感器信号，并对控制电脑的响应参数进行分析比较的测量方式。

信号模拟器有两种：一种是单路信号模拟器；另一种是同步信号模拟器。

单路信号模拟器是单一通道信号发生器，如图 8-24 所示。它只能输出一路信号，模拟一个传感器的动态变化信号。主要信号有可变电压信号（0~15V）、可变交直流频率信号（0~10Hz）及可变电阻信号。单路信号模拟器有两个功用：一个是用对比式手段来判断被模拟的传感器品质的好坏；另一个是用可变模拟信号动态分析电脑控制系统的响应，进而分析控制电脑及系统的工作情况。

同步信号模拟器是两通道以上的信号发生器。它主要用于产生有相关逻辑关系的信号，如曲轴转角和凸轮轴传感器同步信号，用于模拟发动机运转工况，在发动机未转动的情况下完成对控制电脑进行动态响应数据分析的实验。同步信号模拟器的功用也有两个：用对比方式比较传感器品质的好坏；分析电脑控制系统的响应数据参数。

汽车电脑维修从入门到精通

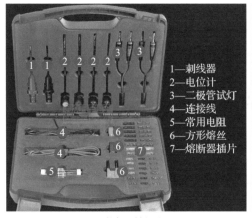

1—刺线器
2—电位计
3—二极管试灯
4—连接线
5—常用电阻
6—方形熔丝
7—熔断器插片

a）配套工具组成

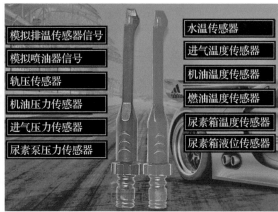

模拟排温传感器信号
模拟喷油器信号
轨压传感器
机油压力传感器
进气压力传感器
尿素泵压力传感器

水温传感器
进气温度传感器
机油温度传感器
燃油温度传感器
尿素箱温度传感器
尿素箱液位传感器

b）可模拟传感器信号类型

图 8-24　单路信号模拟器

以如图 8-25 所示的多路同步信号模拟器 MST-9000+ 为例，该模拟器具备以下功能：

1）提供全车系的曲轴信号模拟，六路可设定任意波形输出，能产生包含当今所有车型发动机曲轴、凸轮轴信号，波形数据由电脑长期保存。

2）磁电式曲轴信号全部由变压器隔离，保证信号间不产生相互干扰。

3）全车系传感器信号模拟专家，可实现转速信号、车速信号（霍尔、磁电、光电信号）、ABS 轮速信号、氧传感器信号、节气门信号、空气流量计信号、进气压力传感器（模拟、数字）信号、爆震传感器信号等模拟。

4）全车系执行器驱动专家，可驱动转速表、里程表、鼓风机控制模块、喷油器、点火线圈、点火模块、频率及脉宽控制电磁阀、步进电机驱动（四线、六线）、汽车扬声器功率放大器等。

5）全车系执行器模拟专家，可实现点火线圈、喷油器、怠速步进电机、超声波发生器等执行器模拟。

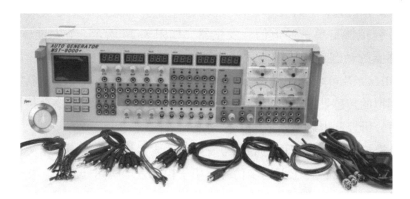

图 8-25　多路同步信号模拟器 MST-9000+

8.1.7　故障诊断仪

汽车故障诊断仪俗称解码器，是利用配套连接线和汽车电脑数据输出 DLC（检测接头）相连，从而达到与各种电控系统控制单元进行数据交流的专用仪器。

汽车故障诊断仪最基本的功能是读取和清除电控系统故障码，除此之外，故障诊断仪一般还具有系统传感器与执行器的静态及动态数据流分析功能和部分执行器的动作测试功能，有的还带有示波器显示功能、万用表功能和打印功能，有的带有控制系统电路图、技术检测参数和维修指引以供参考，有的可以通过专用数据线直接和电脑相连进行资料的更新与升级，有些功能强大的原厂诊断仪还能对车上电控系统控制单元进行某些数据资料的重新写入和更改等。

故障诊断仪通常分为原厂和非原厂两种。所谓原厂汽车故障诊断仪指由汽车制造厂家提供或指定的故障诊断仪，如奔驰汽车用 STAR、宝马汽车用 ICOM、大众（奥迪）汽车用 VAS5054a、VAS6154、标致雪铁龙的 PPS2000、沃尔沃的 VIDA 等，如图 8-26所示。通常，每个汽车制造厂家都有针对自己所生产的各种车系的原厂故障诊断仪，以便能为自己生产的汽车提供更好的售后检测服务。

a）奔驰专用故障诊断仪　　b）宝马专用故障诊断　　c）标致雪铁龙专用故　　d）通用专用故障诊断仪
　　　STAR　　　　　　　仪 ICOM　　　　障诊断仪 PPS2000　　　　TECH2

e）沃尔沃专用故障诊断仪　　f）丰田专用故障诊断仪　　g）本田专用故障诊断仪
　　　　VIDA

h）日产专用故障诊断　　i）大众（奥迪）专用　　j）大众（奥迪）专用
　　　仪　　　　　故障诊断仪 VAS6154　　故障诊断仪 VAS5054a

图 8-26　原厂故障诊断仪

非原厂汽车故障诊断仪则指不是由汽车制造厂家提供或指定，而是汽车专业维修检测仪器设备厂商生产的汽车故障诊断仪，如德国博世（BOSCH）公司的 KTS570；美国的红盒子（SCANNER）MT2500；瑞典的 AUTODGAGNOS；国内公司生产的电眼睛 X431、修车王、车博士、车灵通等，如图 8-27 所示。

a）博世的 KTS570　　b）红盒子 MT2500　　c）修车王　　d）电眼睛 X431

图 8-27　非原厂故障诊断仪

原厂故障诊断仪一般只能诊断某单一品牌汽车厂商开发的车系，不能检测其他汽车公司生产的汽车，就像 INTELLIGENT TESTER 只能检测丰田汽车公司生产的包括雷克萨斯车系的车型，却不可以用来诊断宝马、奔驰、福特、日产等车系。和原厂故障诊断仪相比，非原厂故障诊断仪一般可以检测多种不同汽车制造厂家所生产的各种汽车，如 KTS570 就可以诊断欧洲的奔驰、宝马、大众（奥迪）、保时捷、通用等多家不同系列品牌车系。

故障诊断仪大都随机带有使用手册，按照说明极易操作。常规操作步骤如下：

1）在车上找到诊断座；OBD 诊断接口一般位于驾驶员座位左前方、仪表板左下方位置，如图 8-28 所示。

2）选用相应的诊断接口。

3）根据车型，进入相应诊断系统。

4）读取故障码。

5）查看数据流。

6）诊断维修之后清除故障码。

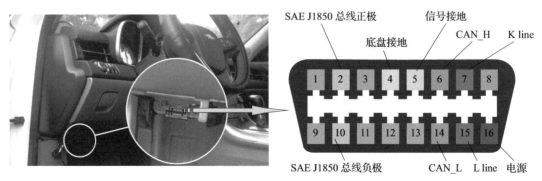

图 8-28　诊断接口位置与端子定义

8.2　常用拆焊工具与焊接技术

8.2.1　电烙铁结构组成与工作原理

电烙铁是手工焊接的基本工具。常用电烙铁有外热式和内热式两种，如图 8-29 所示。

外热式电烙铁最为常用。它是把电烙铁的铜头插入发热元件内加热的。其结构由烙铁头、外壳、烙铁芯和手柄 4 部分组成。烙铁头的材料一般为纯铜，它的热传导率高，并且容易沾锡，其外形细长，用螺钉固定在外壳中，调整头部温度较方便。烙铁芯中的电热丝用两根引出线连接相应的电源，有的还有第三根引出线（接地线）和外壳相连。外热式电烙铁的缺点是热量利用率较低、传热时间较长。常用外热式电烙铁的规格按功率分为 25W、45W、75W、100W、200W、300W 等多种，电源电压为 220V。

内热式电烙铁是直接把发热元件（发热丝）插入电烙铁铜头空腔内加热的，这样发热元件可直接把热量完全传到烙铁头上，显然传热速度要快些，热量的损失也小些。其结构是由连接杆、手柄、发热元件和纯铜烙铁头 4 部分组成。由于塑料绝缘的导线易被烙铁烫坏，因此电烙铁使用的电源线宜选用橡胶绝缘导线或带有棉织套的花线。为了适应不同焊件面的需要，通常把烙铁头制成各种不同形状。

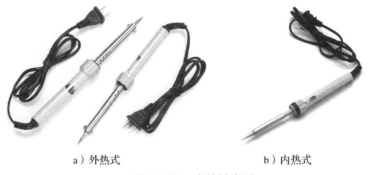

a）外热式　　　　　　　　b）内热式

图 8-29　电烙铁类型

8.2.2　助焊剂与阻焊剂

焊剂分为助焊剂和阻焊剂，如图 8-30 所示。

常见的焊油、助焊膏等无机助焊剂化学作用强，腐蚀作用大，锡焊性非常好，一般用于汽车钣金焊接，但由于腐蚀性强，施焊后必须清洗干净，在电子产品焊接中严禁使用这种助焊剂。

松香、松香树脂等腐蚀性很小，在电子产品的焊接中广泛应用。松香助焊剂一般可用 25%~40 % 的松香加 60%~75% 的无水乙醇配制而成。

阻焊剂是一种耐高温的涂料，可使焊锡只在需要焊接的焊点上焊接，而将不需要焊接的部分保护起来。

助焊膏　　　　　　　　松香　　　　　　阻焊剂（绿油）

图 8-30　助焊剂与阻焊剂

8.2.3　焊接方式与技术要求

在电子产品中，电路元件的焊接方式一般分为四种，即绕焊、钩焊、搭焊和插焊。

（1）绕焊　这种焊接方式是将被焊元器件的引线或导线端头等在焊件上缠绕一圈半，以增加接点强度。采用这种方式连接强度最大。

（2）钩焊　这种焊接方式是将被焊元器件的引线或导线端头等插入焊孔，改变其方向，形成钩状。钩焊能使元器件和导线不易脱离，但机械强度不如绕焊。它适用于不便绕焊而要求有一定机械强度的接点。

（3）搭焊　搭焊是将元器件引线或导线端头等贴在焊件面上的焊接方法。这种焊接方式适用于要求便于调整和改焊的焊接点上。

（4）插焊　这种焊接方法是将元器件引线或导线端头等插入焊孔，不改变其方向的焊接方法，它适用于带孔插头（座）、插针、插孔和印制电路板的焊接。

焊接的技术要求是焊点平滑光亮、浸润良好、焊料适量、能看出引线轮廓；焊点无针孔、挂流、锡尖、桥接等；焊点牢固，引线或导线适当施以拉力时，不应松动、裂缝或脱落；焊点不允许有漏焊、错焊、虚焊和假焊等现象。

焊接一般工艺流程：焊前准备→工件结合→涂适量助焊剂→施焊→清洗→整理自检。

结构件焊接是指将导线焊接在各种元器件的引脚上或者元件间的悬挂焊接。结构件焊接过程中，最好使用带松香的管形焊锡丝，一手拿电烙铁，一手拿焊锡丝，被焊件稳固地安放在焊件架上，电烙铁要拿稳对准。

具体的元器件焊接步骤（图 8-31）如下：清洗烙铁头→加热焊点→焊点熔化时加焊锡→焊锡熔化后拿开焊锡→移开烙铁。

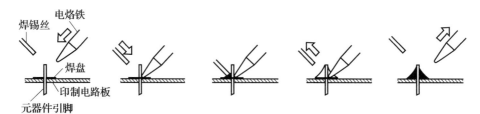

图 8-31　元器件焊接步骤

印制电路板是用黏合剂把铜箔压黏在绝缘板上制成的,它有单面敷铜箔和双面敷铜箔两种。在焊接中,如果温度过高、时间过长,会使印制电路板起泡、变形,甚至使铜箔翘起。只有严格控制焊接的温度和时间,才能保证焊接质量。

首先保证被焊件和印制电路板铜箔表面的清洁,元器件在印制电路板上安装和焊接前,应先对其引线进行成型加工。在印制电路板上安装元件时要求高低整齐,元件规格标记方向一致,有极性的要注意安装方向。元件安装在印制电路板上后,如果是插焊元件要将多余引线剪掉,一般有两种方法:一种是先焊后剪,采用这种方法时千万不要把焊点头剪去一部分,以免降低焊点的机构强度;另一种是先剪后焊,采用此种方法时,剪后引线长度为 1.5~2.5cm,焊接后,引线露出焊点的长度为 0.5~1cm。

印制电路板焊接过程是:右手操作电烙铁,左手拿松香焊锡丝,两手对准焊点同时操作,即将烙铁头和焊锡丝同时接触焊点,在焊锡熔化到一定量和焊点吃锡充分的情况下,要迅速移开焊丝并拿开电烙铁,注意移开焊锡丝的时间不要迟于拿开电烙铁的时间。印制电路板焊接中每点的焊接时间控制在 2~3s 为宜,如果在此时间内没有焊好,烙铁头也应先移开,重新清洁焊点后,可再次焊接。

印制电路板焊接中一般是先焊小型元器件,后焊大型元器件;先焊阻容元件,后焊半导体器件。

经焊接后元器件的排列位置会发生偏移,有的导线散乱,还有的导线端头套管未套等,因此要进行整理,做到元器件、导线排列整齐,互不干扰。为了确定焊点是否合格,习惯上规定在放大一定倍数的情况下来检查焊点,可使用 2~10 倍放大镜进行观察引脚与焊盘是否存在虚焊、连焊的问题。

8.2.4 小型元件的拆焊方法

对电阻、电容等小元件,一般使用热风枪进行拆卸和焊接(焊接时也可使用电烙铁),在拆卸和焊接时一定要掌握好风力、风速和风向。若操作不当,不仅会将小元件吹跑,而且还易将周围无关的小元件也吹动位置或吹跑。

1. 小元件的拆卸(使用热风枪)

在用热风枪拆卸小元件之前,将电路板固定平置,打开带灯放大镜,仔细观察欲拆卸的小元件的位置;用小刷子将小元件周围的杂质清理干净,往小元件上加注少许松香水;安装好热风枪的细嘴喷头,打开热风枪电源开关,调节热风枪温度开关至 2~3 挡,风速开关在 1~2 挡,一只手用镊子夹住小元件,另一只手拿稳热风枪手柄,使喷头与欲拆卸的小元件保持垂直并距离 2~3cm,沿小元件上均匀加热,出风口不可碰到小元件;待小元件周围焊锡熔化后用镊子将小元件取下,如图 8-32 所示。

2. 小元件的焊接（使用热风枪）

用镊子夹住欲焊接的小元件放置到焊接的位置，注意要放正，不可偏离焊点。若焊点上焊锡不足，可用电烙铁在焊点上加注少许焊锡。打开热风枪电源开关，调节热风枪温度开关在 2 档，风速开关在 1~2 挡，使热风枪的喷头与欲焊接的小元件保持垂直并距离 2cm，沿小元件上均匀加热；待小元件周围焊锡熔化后，移走热风枪喷头；焊锡冷却后松开镊子；用无水酒精将小元件周围的松香清理干净，如图 8-33 所示。

图 8-32　使用热风枪拆卸小元件

图 8-33　使用热风枪焊接小元件

3. 小元件的拆卸与焊接（使用电烙铁）

用电烙铁拆小粒阻容感器件比较方便，烙铁温度调高些，拆卸处的松香也适量放多点，烙铁头横着拆，如图 8-34 所示，如元件较大，在两头焊接处加焊锡，如图 8-35 所示，对于大的元件，可先拆一头，趁焊锡熔化时用薄刀片探入，这样把元件焊接端与焊盘分离开来，再拆另一端就无须用刀片了。注意在焊接处焊锡未完全熔化之前不可强行推拉或撬起，这样会损伤焊盘与元件焊接脚位。

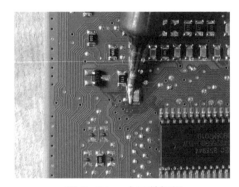

图 8-34　小元件拆焊

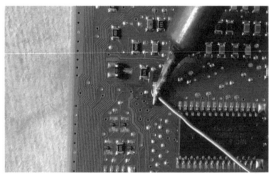

图 8-35　加焊锡

焊接过程中，先清理元件焊盘，加足松香或焊油，再用烙铁焊上去，如果焊盘焊锡较少，难上焊，可以在烙铁头上加点焊锡，如图 8-36 所示，先焊住一头，再用镊子压住焊另一头。

小元件拆焊存在以下问题。

1. 小元件在维修中最易出大问题的情形

（1）取接口插座时　在维修中，有时取接口插座会带动小面积的元件，引起错位。

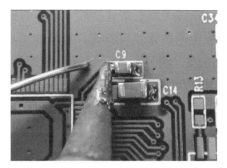

图 8-36　小元件焊接

（2）拆焊或补焊芯片时　有时因气流过大而吹跑轻小元件，引起移位；有时则是在拆带封胶芯片过程中需处理的外围器件，为了方便挑刀切入而暂时取下部分元件或将部分元件连胶取下。

2. 如何避免小元件移位

（1）用风枪补焊小元件时注意事项　在用风枪对机板进行小面积加焊时，先要均匀地加上一层焊油或助焊剂，风枪气流挡调至 1 或 2 挡即可，加热要均匀，焊接风口四处移动而不要"咬住元件"。在焊盘上焊锡熔化后，用镊子嘴尖逐个轻点一下元件；也可用烙铁进行加焊，加焊时先用镊子点住元件中部，再用烙铁头进行点焊或拖焊（点焊是逐个对焊盘进行焊接，拖焊是用烙铁尖同时接触 2 个或 2 个以上焊点，前者准确，后者较为快捷）。

（2）用烙铁补焊小元件时注意事项　用烙铁焊接时，烙铁头可稍带一些焊锡，这样可以用烙铁带着阻容感等重量轻的元件移动，而不需要用镊子夹取，元件焊盘焊锡要上足，焊油适量，否则元件很难归附其上。

如果确实移位了，可以对照拆焊前事先拍下的主板实物图复位。

8.2.5　各种芯片的拆焊方法

在电脑主板中采用了较多的小引出线封装（SOP）的集成电路，如存储器等。SOP芯片在早期汽车电脑电路主板中比较常见，现在电子电路集成度越来越高，芯片生产工艺越来先进，已经很少应用这种封装形式的芯片了。因这种封装的芯片引脚分两边排列且数目不多（28 引脚以下），所以拆卸和焊接都比较方便，但它与两引脚的电阻、电容等小元件相比，拆焊的难度又要大些。

下面介绍 SOP 芯片的拆焊方法。

1. 拆卸方法

可使用热风枪，也可使用电烙铁进行拆卸。

（1）用热风枪拆卸　对于脚位数目较多且脚位间距较大的芯片，用烙铁拆卸很不方便，一般使用热风枪进行拆卸。将热风枪风力调到 3 挡，温度也调到 3 挡，风枪嘴沿芯片两边引脚上移动加热，当焊锡熔化时，就可用镊子取下芯片了。如图 8-37 所示。

（2）用电烙铁拆卸 对于有些芯片，因其在主板上的位置比较特殊，就不能用热风枪拆卸或者手边没有热风枪可用。这种情况一般用电烙铁采用"连锡法"拆卸。具体操作是：用电烙铁把焊锡熔化加到芯片两边的焊脚并短路（即左边短接在一起，右边短接在一起，如图 8-38 所示，电烙铁温度可调到最高），焊锡尽量多些，也可以使用吸锡线盖住每个引脚，如图 8-39 所示，然后两边同时轮流加热，即加热一下左边又加热一下右边，等焊锡全部

图 8-37 热风枪吹焊 SOP 芯片

熔化时，用镊子移开芯片。用电烙铁把主板上多余的焊锡除掉并清理焊盘，把芯片引脚上多余的焊锡也清除掉，保证芯片焊脚平整。

图 8-38 使用连锡法拆卸八脚芯片

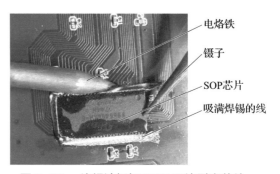

图 8-39 连锡法拆卸 SOP 两边引脚芯片

2. 安装方法

对于 SOP 芯片的安装，一般采用电烙铁一个引脚一个引脚地焊，电烙铁温度不宜太高，一般为 350℃即可。如采用热风枪焊接，可先用电烙铁把芯片定好位，然后调节热风枪风力到 2~3 挡之间，温度调节到 3 挡，吹焊芯片，焊接牢固即可。

下面介绍 QFP 芯片拆焊方法。

在汽车电脑电路板上，四面扁平封装（QFP）形式的芯片比较常见，这种类型的芯片为一般为微控制单元（MCU）、图形处理单元（GPU）、专用集成电路（ASIC）。现在电子科技日益发展，慢慢地有些电路板上开始使用了球阵列封装（BGA）形式的芯片了。

QFP 形式的集成电路引脚在外面，补焊、拆卸、焊接时相对 BGA 芯片较容易些，下面就具体介绍 QFP 芯片的拆卸与焊接方法。

1. 拆卸操作

1）温度依喷嘴来定，如果是单喷嘴，温度挡位不可设置太高。热风枪一般温度调节在 300~400℃之间，气流面根据气流挡位设置在 1~3 挡，其他喷嘴气流可设置在 4~6 挡。

2）记下待拆卸芯片的位置和方向，并在芯片引脚上涂上适当的助焊剂。

3）手持热风枪手柄，使喷嘴对准芯片各引脚焊点来回移动加热，喷嘴不可触及集成电路模块引脚，一般距离芯片引脚上方 6mm 左右，如图 8-40 所示。

图 8-40　热风枪拆焊芯片

4）待芯片引脚上焊锡点熔化时，用镊子移开芯片，如图 8-41 所示。

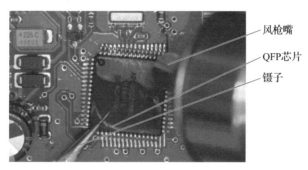

图 8-41　用镊子移开芯片

扫一扫

QFP 芯片
拆焊

5）清除取下集成电路后余锡及焊剂杂质（可用无水酒精或天那水清除焊剂杂质，用电烙铁把电路板上的焊盘整理平整），如图 8-42 所示。

图 8-42　整理焊盘脚位

2. 焊接操作

1）将拆卸下来的芯片用无水酒精或天那水进行清洗，用烙铁将脚位焊平整，并放在带灯放大镜下检查脚位有无移位，有无连锡短路，如有则重新进行处理，如果是新买回的芯片则不需要此步处理。

2）将整理好的芯片按原标志放回电路板上，检查所有引脚是否与相应的焊点对准，如有偏差，可适当移动芯片或整理有关的引脚。

3）把助焊剂涂在芯片各引脚上，用烙铁把芯片4个角位焊接定位。

4）用热风枪在集成电路模块各边引脚处来回移动，逐一吹焊牢固，吹焊时要控制好风速，防止把模块吹移位，如发现模块位置稍有偏差，可待四周焊锡完全熔解后，用镊子将其轻推一下，即可复位，然后用镊子在芯片上面轻轻向下压一下，使其与电路板接触良好，如图8-43所示。

图8-43　用热风枪焊接集成电路

5）清洗助焊剂，检查电路板上有无锡珠、锡胶引起的短路现象，待芯片冷却后方可通电试机。

当然焊接的时候，也可以不用热风枪而用电烙铁焊接，具体方法是：先用烙铁把芯片4个角位焊接定位，然后电烙铁加足焊锡和焊剂，温度调到450℃，烙铁头接触芯片引脚并顺着往同一个方向快速拖动，用拖焊的方法，把芯片焊牢，如图8-44所示。

扫一扫

QFP芯片焊装

平嘴电烙铁

图8-44　用电烙铁焊接集成电路

下面介绍BGA芯片的焊接方法。

BGA芯片采用字母和数字结合的纵横坐标法标记脚位序号，如A1、B2、C3…，如图8-45所示，一般的芯片上标记的圆点及焊盘上的切口位为第一脚位（即A1起点位置），在动手焊接主板元件之前应先将主板拍照保存，以便焊接时对照元件的脚位方向、安装位置及参照物等细节部位。

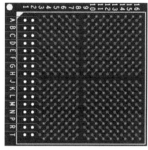

图 8-45　BGA 芯片脚位标记

1. BGA 的定位

拆卸 BGA 芯片之前一定要搞清芯片的方向和具体的位置，以便焊接安装，这对初学者来说特别重要。一些汽车电脑的线路板上印有用于 BGA 芯片焊接的定位框，如图 8-46 所示，安装定位时比较容易，而线路板上如没有定位框，拆卸前则需要自己去定位，具体方法如下：

（1）画线定位法　在拆下芯片之前，在 BGA 芯片的两对角用刻刀或笔分别在对角上刻一直角定位记号（也可用笔在芯片四周画线），刻定位记号时必须正确。这种方法的优点是准确方便，缺点是刻刀画线力度掌握不好易将线路刻断，用笔画线虽然安全，但却容易被清洗掉。

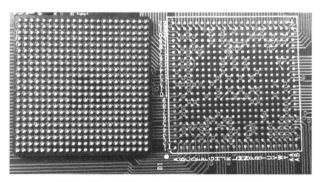

图 8-46　用于 BGA 芯片焊接的定位框

（2）贴纸定位法　拆下 BGA 芯片之前，先沿着芯片的四边用标签纸在线路板上贴好，纸的边缘与 BGA 芯片的边缘对齐，用镊子压实黏牢。这样，拆下芯片后，线路板上就留有标签纸贴好的定位框。重装芯片后，只要对着几张标签纸中的空位将芯片放回即可，要注意选用质量较好黏性较强的标签纸来贴，这样在吹焊过程中不易脱落。如果觉得一层标签纸太薄找不到感觉的话，可用几层标签纸重叠成较厚的一张，用剪刀将边缘剪平，贴到线路板上，这样装回芯片时手感就会好一点。

（3）目测法　如果经过多次焊接练习，可凭经验和目测法定位，具体方法为：拆卸BGA芯片前，先将芯片竖起来，这时就可以同时看见芯片和线路板上的引脚，先横向比较一下焊接位置，再纵向比较一下焊接位置。记住芯片的边缘在纵横方向上与线路板上的哪条线路重合或与哪个元件平行，然后根据目测的结果按照参照物来定位芯片，如图8-47所示。

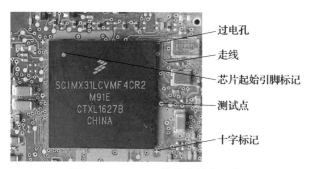

图8-47　BGA芯片定位参照物

2. BGA芯片的拆卸

1）做好元件的保护工作。在拆卸BGA芯片时，要注意观察是否影响到周边的元件。有些电路主板的存储器、CPU距离很近，在拆焊时，可在邻近的芯片上放入浸有水的棉团。很多塑料封装部件和软封装的存储器耐高温能力差，吹焊时温度不宜过高，否则很容易将它们吹坏。

2）在待拆卸芯片上面放入适量的助焊剂，并尽量吹入芯片底部，这样可帮助芯片下的焊点均匀熔化。

3）调节热风枪的温度和风力，一般温度调至3~4挡，风力调至2~3挡，风枪嘴在芯片上方3cm左右移动加热，直至芯片底下的锡珠完全熔化，用镊子夹起整个芯片。

图8-48所示为使用热风枪拆卸CPU的操作图，其中热风枪温度和风力均为3挡。注意，加热芯片时要吹芯片的四周，不要吹芯片的中间，否则易把芯片吹鼓起泡，加热时间不要过长，否则易把电路板吹起泡。

图8-48　使用热风枪拆卸CPU的操作图

4）BGA 芯片取下后，芯片的焊盘上和机板上都有余锡，此时，在线路板上加上足量的助焊膏，用电烙铁将板上多余的焊锡去除，并且可适当上锡使线路板的每个焊脚都光滑圆润（不能用吸锡线将焊点吸平），如图 8-49 所示。然后再用天那水将芯片和机板上的助焊剂洗干净。除焊锡的时候应特别小心，否则会刮掉焊盘上面的绿漆或使焊盘脱落。

图 8-49　整理 BGA 焊盘

3. 植锡

（1）做好准备工作　把拆下的芯片表面上的焊锡清除干净，可在 BGA 芯片表面加上适量的助焊膏，用电烙铁将芯片上的过大焊锡去除（注意，最好不要使用吸锡线去吸，因为对于有些软封装的芯片，如果用吸锡线去吸的话，会使芯片的焊脚缩进褐色的软皮里面，造成上锡困难），然后把芯片放入天那水中洗净，洗净后检查芯片的焊点是否光亮，如果部分氧化，需用电烙铁加助焊剂和焊锡，使之光亮，以便植锡，如图 8-50 所示。

图 8-50　清理 BGA 芯片焊盘脚位的残锡

选择好相应的植锡板以及锡浆、刮锡工具及用于固定芯片的标签纸等工具。

（2）BGA 芯片的固定　BGA 芯片的固定方法有多种，下面介绍两种实用方便的方法。

1）标签纸固定法。将芯片对准植锡板的孔（如果使用的是那种一边孔大一边孔小的植锡板，大孔一边应该与芯片紧贴），用标签贴纸将芯片与植锡板贴牢，如图 8-51 所示。芯片对准后，把植锡板用手或镊子按牢不动，然后另一只手刮浆上锡。

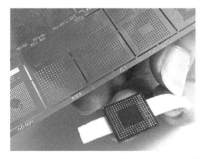
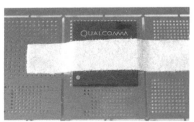

图 8-51　标签或胶条纸固定法

2）在芯片下面垫纸巾固定法。在芯片下面垫上几层纸巾（防滑），然后把植锡板孔与芯片引脚对准放上，用手或镊子按牢植锡板，然后刮锡浆，如图 8-52 所示。

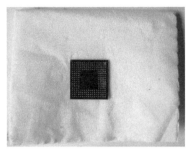

图 8-52　垫纸巾固定法

（3）上锡浆　如果锡浆太稀，吹焊时就容易沸腾，导致成球困难，因此锡浆越干越好，只要不是干得发硬成块即可。如果太稀，可用纸巾压一压，吸干一点。平时可挑一些锡浆放在锡浆瓶的内盖上，让它自然晾干一点。用棉签取适量锡浆到植锡板上，并向四边填刮，边刮边压，使锡浆均匀地填充于植锡板的小孔中，如图 8-53 所示。

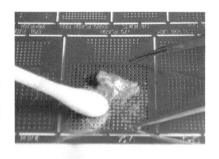

图 8-53　上锡浆

（4）把锡浆吹焊成球　热风枪风力调小至 2 挡，晃动风枪嘴对着植锡板缓缓均匀加热，使锡浆慢慢熔化，如图 8-54 所示。当看见植锡板的个别小孔中已有锡球生成时，说明温度已经到位，这时应当抬高热风枪的风枪嘴，避免温度继续上升。过高的温度会使锡浆剧烈沸腾，造成植锡失败，严重的还会使芯片过热损坏。

如果吹焊成球后，发现有些锡球大小不均匀，甚至有个别没有上锡，可先用裁纸刀沿着植锡板的表面将过大锡球的露出部分削平，再用刮刀将锡球过小和缺脚的小孔中上满锡浆，然后用热风枪再吹一次即可。如果锡球大小还不均匀的话，重复上述操作直至理想状态。重植时，必须将植锡板清洗干净、擦干。

取植锡板时，趁热用镊子尖在芯片四个角向下压一下，这样芯片就容易取下了，如图 8-55 所示。

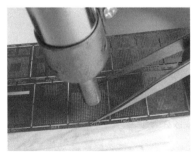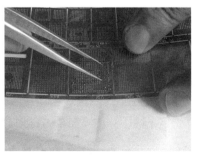

图 8-54　吹焊成球　　　　图 8-55　取出 BGA 芯片

4. BGA 芯片的安装

1）先将 BGA 芯片有焊脚的那一面涂上适量助焊膏，热风枪温度调到 2 挡，轻轻吹一吹，使助焊膏均匀分布于芯片的表面，从而定位芯片的锡球，为焊接做准备。然后将热风枪温度调到 3 挡，先加热机板，吹熔助焊剂（这样放上 BGA 芯片后较平整，吹焊时移位小一些，有利于芯片的定位）。再将植好锡球的 BGA 芯片按拆卸前的位置放到电路板上，同时，用手或镊子将芯片前后左右移动并轻轻加压，这时可以感觉到两边焊脚的接触情况。对准后，因为事先在芯片的引脚上涂了一点助焊膏，有一定黏性，芯片不会移动。如果芯片对偏了，要重新定位。

2）BGA 芯片定好位后，就可以焊接了。和植锡球时一样，调节热风枪至合适的风力和温度，让风枪嘴的中央对准芯片的中央位置，缓慢加热。当看到芯片往下一沉，四周有助焊膏溢出时，说明锡球已和线路板上的焊点熔合在一起。这时可以轻轻晃动热风枪使加热均匀充分，由于表面张力的作用，BGA 芯片与线路板的焊点之间会自动对准定位，注意在加热过程切勿用力按住 BGA 芯片，否则会使焊锡外溢，极易造成脱脚和短路。焊接完成后用天那水将电路板洗干净即可。

第9章
汽车电脑故障排除

9.1 动力系统电脑故障

9.1.1 发动机电脑故障

以宝马发动机电脑故障为例,该故障车辆发动机灯常亮,使用检测仪器报故障码"DME:内部故障(环境压力传感器,可信度,滞后运行:压力过高)",如图9-1所示。

图9-1 诊断系统报故障码内容

根据诊断系统提示信息分析为发动机电脑故障,如图9-2所示。

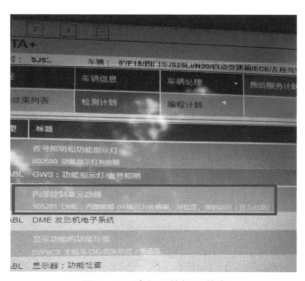

图9-2 诊断系统提示信息

拆下发动机电脑，对照同型号报废电脑板找到故障元件位置，如图 9-3 所示。

因为宝马发动机电脑很难拆解外壳，于是在对应位置采用开孔的方法进行故障部件更换，如图 9-4 所示。

图 9-3　故障元件位置

图 9-4　开孔更换故障部件

更换故障部件后对发动机电脑切割孔进行防水密封并装车，测试一切正常，故障得以排除。

9.1.2　混合动力汽车电脑故障

以比亚迪唐 DM 车型为例，故障车辆组合仪表提示：请检查预测性碰撞报警系统、行人探测系统、动力系统、ESP 系统、HDC 系统，如图 9-5 所示，车辆加速无反应（EV 模式和 HEV 模式）。

图 9-5　组合仪表提示信息

用诊断仪读取相关系统故障码：

电子车身稳定系统：U059506 前电机控制器报文 2 CAN 数据破坏【历史】。

电子驻车：U041681 接收到 ESP 的无效信息故障【当前】U041181 接收到 MCU 的无效信息故障【当前】。

多功能视频控制器：U101386 电控无效信号故障【当前】。

湿式双离合变速器：U1706 CAN 加速踏板信号错误。

自适应巡航系统：U012186 ESP 信号无效【当前】。

整车控制器 -BSG：P1D6400 油门信号故障 -1 信号故障【当前】P1D6600 油门信号故障—校验故障【当前】。

由于 ECM 网、动力网、ESC 网、舒适网 1、舒适网 2 多个模块同时报信息信号故障，初步怀疑是模块或网络通信故障导致的，反复对系统关键模块进行扫描，各模块工作良好，未发现无法通信的情况，可暂时排除网络通信故障。

考虑车辆 EV 模式和 HEV 模式下踩踏加速踏板无反应，同时整车控制器报：P1D6400 油门信号故障 –1 信号故障【当前】P1D6600 油门信号故障—校验故障【当前】；怀疑是踏板或线束的故障，进一步读取数据流发现：当踩下加速踏板时，"油门深度"始终为零，如图 9-6 所示。

图 9-6　"油门深度"数据流

对加速踏板插接器进行了检查，未发现松动或退针现象，倒换踏板故障依旧，分析加速踏板信号是整车控制器采集和转发的，对整车控制器进行了倒换，故障排除。

9.1.3　电驱控制器故障

以比亚迪唐 DM 车型为例，故障车辆仪表显示"请检查动力系统"，如图 9-7 所示，电量充足，但没有 EV 模式，发动机可以正常起动。

图 9-7　仪表显示"请检查动力系统"

用诊断仪读取前驱动电机控制器故障码为 P1BB000：前驱动电机过流；P1BC500：前驱动电机控制器电流霍尔传感器 B 故障。诊断界面如图 9-8 所示。

根据故障码提示，读取前驱动电机控制器数据流：A 相电流为 719A，B 相电流为 714A，C 相电流为 4A，如图 9-9 所示。

134

图9-8　诊断界面

图9-9　前驱动电机控制器数据流

根据数据流提示，实测驱动电机三相绕组电阻为 0.3 Ω，如图 9-10 所示。

图9-10　驱动电机三相绕组电阻值

由于数据流显示 A、B 相电流明显异常，故障点集中在驱动电机控制器，更换前驱动电机控制器总成，读取数据流显示正常，如图 9-11 所示，试车故障排除。

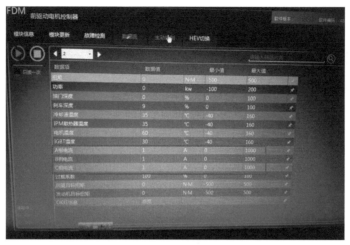

图 9-11　更换前驱动电机控制器后数据流

9.1.4　变速器电脑故障

以宝马装配的 6HP21 自动变速器为例，该款变速器装载于宝马 7 系的 730Li、740Li、740、745、750、760 车型上。6HP21 变速器出现机械故障时，容易出现加油不加速、行驶中抖动、异响、冷车挂不上挡、冲击、升降挡打滑、换挡冲击等故障现象。引起这种故障的原因之一就是变速器电脑板损坏。

在出现电脑故障时候，车辆仪表盘上会显示以下类似字幕："变速器有异常谨慎驾驶""变速器故障""变速器停车时应施加驻车制动，请至售后服务检查""请不要关闭发动机。发动机熄火后，车辆将无法继续行驶。请立即至最近的 BMW 售后服务部门""可以继续行驶，加速能力降低，尽快由最近的 BMW 售后服务检查变速器，请不要让发动机熄火"，如图 9-12 所示。

图 9-12　组合仪表屏幕提示

用故障诊断仪读取系统故障码，提示"400626 涡轮速度传感器，对地短路或开路"，如图 9-13 所示。

用专用诊断电脑读取故障码为"400625 涡轮转速传感器过低"，如图 9-14 所示。

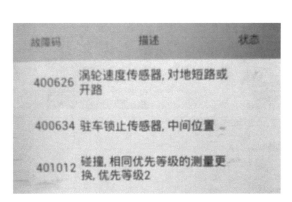

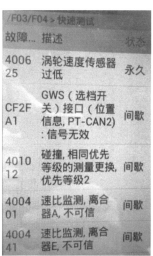

/F03/F04 > 快速测试		
故障...	描述	状态
4006 25	涡轮速度传感器 过低	永久
CF2F A1	GWS（选档开 关）接口（位置 信息，PT-CAN2） ：信号无效	间歇
4010 12	碰撞，相同优先 等级的测量更换， 优先等级2	间歇
4004 01	速比监测，离合 器A，不可信	间歇
4004 41	速比监测，离合 器E，不可信	间歇

图 9-13　故障诊断仪故障码显示界面　　　　图 9-14　诊断电脑读取故障码

该变速器的电子控制模块与阀体板集成一体，为机电一体化模块，如图 9-15 所示。

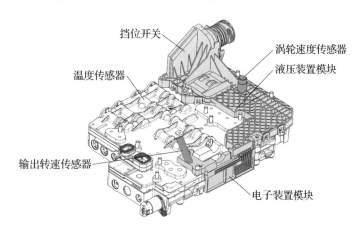

图 9-15　机电一体化模块

电子控制模块拆解后如图 9-16 所示。

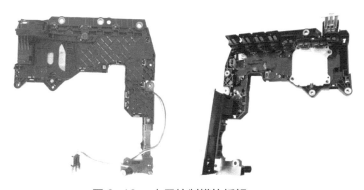

图 9-16　电子控制模块拆解

137

经检测为电子模块电路板上的钽电容损坏，经更换后故障排除，如图 9-17 所示。

图 9-17　更换电路板上受损电容

9.2　其他系统电脑故障

9.2.1　ABS 电脑故障

以别克君威旧款 ABS 系统故障为例，该车仪表同时亮三个故障灯：SERVICE VEHICLE SOON、ANTI LOCK、TRAC OFF。通过诊断仪查看故障码是 C1214 电磁阀继电器短路或接触不良。故障码提示表明了 ABS 电脑控制继电器或线路问题，继电器没有电源供应。于是拆解 ABS 电脑板，拆下插接器如图 9-18 所示。

图 9-18　拆下插接器

打开插头后，用梅花内六角 T25 扳手拆下四个角的固定螺栓，然后电脑板就可以取下来了，如图 9-19 所示。

图 9-19　取出 ABS 电脑板

直接按图 9-20 所示连接线路或者更换继电器，故障就可以排除。

图 9-20　直接连接继电器

以大众为例，ABS 故障灯亮，系统检测报 ABS 液压泵与控制单元损坏，如图 9-21 所示。

图 9-21　诊断仪故障读取内容

这种一般为电源芯片损坏，直接更换就可以，如图 9-22 所示。

图 9-22　更换电源芯片

9.2.2 车身电脑故障

以雪佛兰科鲁兹车型为例，该车车身控制模块（BCM）损坏后引发以下故障：行李舱不能开启、车钥匙不能取出、P位锁住、制动灯不能点亮（高位制动灯正常）、刮水器喷水不工作、点烟器不工作。部分车型还会出现喇叭、中控（仪表盘中间开关锁车的按钮）、远光灯3个功能熄火时是好的，起动后过10s左右就不能用了。

车身电脑损坏的主要原因是科鲁兹等汽车制动灯使用双丝灯泡，在制动灯丝（粗丝功率为21W）或示廓灯丝（细丝功率为5W）烧毁瞬间电流增大会直接烧毁车身控制模块，或制动灯损坏未能及时更换、行李舱手动开关损坏未能及时更换、少数车主私自改装线路，这些都有可能使车身控制模块电脑板内芯片烧毁，从而产生以上故障。

可以根据车辆的故障点来更换驱动芯片，如图9-23所示，维修完车身电脑必须要更换损坏的灯泡或开关等配件。一定要准确确定故障源，否则修好了模块一上电，还会导致车身电脑故障。

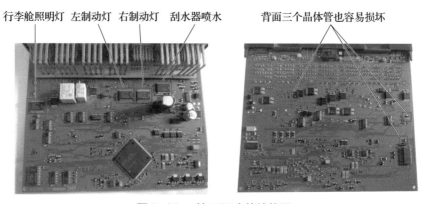

图9-23　接口驱动芯片位置

9.2.3 防盗电脑故障

汽车无钥匙进入、起动系统主控模块（PEPS ECU）负责接收车门开关、一键起动开关、电子转向锁、发动机管理系统（EMS）等模块的状态变化信号，驱动低频天线、接收识别高频响应信号、发动机防盗认证和控制点火锁电磁阀，同时实现报警功能。

1. 失效模式

1）线路插头及ECU引脚氧化、锈蚀。

2）工作电压、温度超出ECU设定的范围。

3）工作环境灰尘或潮湿严重。

4）ECU内部电器元件或电路板损坏。

5）连接线路断路、短路或不良搭铁，导致供电或者搭铁异常。

2. 故障现象

1）无钥匙进入功能失效：当点火旋钮处于 OFF 挡，整车处于设防状态，用户携带合法的智能钥匙在驾驶侧或副驾驶侧车外有效区域内拉门把手（触发门把手内侧的电容传感器）时，四门不能解锁。

2）无钥匙离开功能失效：当点火旋钮处于 OFF 挡，所有车门（含后背门）处于关闭状态，用户在驾驶侧或副驾驶侧按下门把手微动开关，若车内无合法钥匙而车外有效区域有合法钥匙，不能执行闭锁。

3）点火旋钮不能转动：实现无钥匙进入后，点火旋钮在 LOCK 挡按下时，电磁阀不能解锁，点火旋钮不能转动。

4）发动机不能起动：在 LOCK 挡按下点火旋钮开关，点火旋钮不可以转动到起动挡，发动机不能起动。取下点火旋钮，将机械钥匙插入点火锁插槽，同时将智能钥匙本体（智能钥匙遥控器指示灯一端）顶住点火锁部位，当点火旋钮转动到起动挡，发动机不能起动。

5）遥控功能失效：用户按下遥控器上的按键想实现开锁、闭锁、寻车功能时，所有按键能够按下，但相应的功能失效。

6）报警功能失效：该系统所具备的报警功能（电源未关报警、钥匙不在车内报警、不满足起动条件报警、钥匙电量过低报警、钥匙被遗忘在车内或行李舱报警）失效。

3. 故障判断

1）首先拔下线束插头，检查 PEPS ECU 引脚是否出现弯曲、变形、进水、锈蚀等现象。

2）打开点火开关，检查线束端的 15# 电源线是否有 12V 电压输出，线束是否无短路、断路，18# 搭铁线电阻是否为 0Ω。PEPS ECU 插接器引脚分布如图 9-24 所示，引脚功能定义见表 9-1。

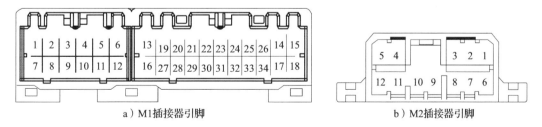

a）M1 插接器引脚　　　　　　　　　b）M2 插接器引脚

图 9-24　PEPS ECU 插接器引脚分布

表 9-1　PEPS ECU 插接器引脚功能定义

引脚号	引脚名称	描述
M1.1	Green_LED	一键起动开关 LED

（续）

引脚号	引脚名称	描述
M1.2	IGN1 Relay Out	IGN1 继电器输出
M1.3	ACC Relay Out	ACC 继电器输出
M1.4	Alarm Buzzer	蜂鸣器驱动
M1.5	Neutral（MT）<TBD>	空挡开关
M1.6	ESCL Moto BAT	电子转向锁电机电源
M1.7	UHF Antenna	高频天线
M1.8	IGN2 Relay Out	IGN2 继电器输出
M1.9	Amber_LED	一键起动开关 LED
M1.10	ESCL FeedBack	电子转向锁状态反馈
M1.11	Brake	制动踏板输入
M1.12	$\overline{P}$（AT）	变速杆非 P 位信号
	Clutch(MT)	离合器踏板输入
M1.13	SSSW1	一键起动开关按钮
M1.14	Start_Stop_Vref2	一键起动开关地 2
M1.15	BAT	电源
M1.16	Pass_Door_CS	前排乘客侧门把手触摸开关
M1.17	LIN(IMMO)	LIN 总线
M1.18	GND	电源地
M1.19	Pass_Door_SW	前排乘客侧门把手微动开关
M1.20	CAN_H	CAN 总线高
M1.21	CAN_L	CAN 总线低
M1.22	LIN(ESCL)	LIN 总线
M1.23	IGN1 FeedBack	IGN1 反馈
M1.24	IGN2 FeedBack	IGN2 反馈
M1.25	Start FeedBack	起动继电器反馈
M1.26	ACC FeedBack	ACC 反馈
M1.27	Driver_Door_SW	驾驶员侧门把手微动开关
M1.28	Clutch	离合器踏板输入
M1.29	Driver_Door_CS	驾驶员侧门把手触摸开关
M1.30	Start_Stop_Vref1	一键起动开关地 1
M1.31	NC	NC
M1.32	P/N(AT)	TCU 发送的允许起动信号

（续）

引脚号	引脚名称	描述
M1.33	NC	NC
M1.34	LimpHome Indication	失效指示
M2.1	NC	NC
M2.2	Pass_Door_Antenna_Lo	前排乘客侧低频天线 –
M2.3	Dr_Door_Antenna_Lo	驾驶员侧低频天线 –
M2.4	Pass_Door_Antenna_Hi	前排乘客侧低频天线 +
M2.5	NC	NC
M2.6	Int_Trunk_Antenna_Lo	行李舱内部低频天线 –
M2.7	Int_Rear_Antenna_Lo	内部低频天线 2–
M2.8	Int_Front_Antenna_Lo	内部低频天线 1–
M2.9	Int_Front_Antenna_Hi	内部低频天线 1+
M2.10	Dr_Door_Antenna_Hi	驾驶员侧低频天线 +
M2.11	Int_Rear_Antenna_Hi	内部低频天线 2+
M2.12	Int_Trunk_Antenna_Hi	行李舱内部低频天线 +

3）测量 CAN 总线，如图 9-25 所示，关闭点火开关（带电测量电阻无效），断开 PEPS ECU 插接器，用万用表欧姆挡测量线束端 20# 和 21# 之间电阻值应为 60Ω。

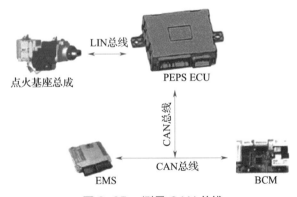

图 9-25　测量 CAN 总线

4）使用检测仪检测能否进入无钥匙起动系统，如不能进入，证明 PEPS ECU 没有正常工作。可以替换 PEPS ECU 进行验证。

5）故障诊断表（表 9-2）。车辆状态（操作条件）：智能钥匙已经注册，钥匙没有插入点火开关，有 1 把以上已经注册的智能钥匙，电源在 OFF 挡位。

表 9-2 故障诊断表

故障现象	原因分析	排除方法
接收不到射频（RF）信号	高频接收损坏	更换 PEPS ECU
	高频接收外围电路故障	更换 PEPS ECU
	同频干扰	更换测试地点或移除干扰源
	蓄电池电压低于 9V	更换蓄电池或给蓄电池充电
无法驱动低频天线	驱动芯片过温保护故障码为 0X950100	等待 10min 后再操作 PEPS
	驱动芯片故障	更换 PEPS ECU
无法识别 IGN Press 信号	IGN Press 输入信号采样故障	更换 PEPS ECU
无法识别门把手开关信号	门把手开关输入信号采集故障	更换 PEPS ECU
无法识别门把手触摸信号	门把手触摸输入信号采集故障	更换 PEPS ECU
控制器内部故障	PEPS ECU 损坏	更换 PEPS ECU

第10章
汽车电脑设码与编程

10.1 汽车电脑设码

10.1.1 车身控制模块编码

以一汽大众新宝来车身控制模块（BCM）电脑更换后的编码方法为例，具体步骤如下：

1）首先使用大众专用诊断仪查看原车 BCM 的编码，并记录编码。

2）拆下转向盘底部的护板，拆下 BCM，安装新的 BCM。

3）按照原车 BCM 编码对新的 BCM 进行重新编码。

注意事项如下：

1）目前有两种 BCM 硬件版本号：HH06 和 HH07。查看地址码 09 里是否存有故障记忆，如果更换后，09 里面故障显示：组合舒适系统总线无法通信 / 断路，且故障无法清除；请检查更换新的 BCM 硬件版本号与旧的 BCM 是否一致，如不同，请更换正确的 BCM。BCM 版本号位置如图 10-1 所示。

BCM版本号
HH06 S0011

图 10-1 BCM 版本号位置

2）更换 BCM 后编码完成，如出现遥控无法锁车现象，但中控门锁可以操作，该问题是由于新 BCM 的工厂模式还处于打开状态，必须关闭新 BCM 的工厂模式。关闭工厂模式的方法：使用 VAS 5052A 进入 09-10-99，将 1 改成 0，关闭工厂模式。

10.1.2 电机零位标定编码

以比亚迪新能源汽车为例，在单独更换驱动电机控制器或驱动电机后，需使用车载诊断系统（VDS）执行零位标定流程：

1）记录电机上的电机零位条码，待总成装配完成后用 VDS（VDS 版本更新到最新版本）进行电机电控零位标定，如图 10-2 所示。

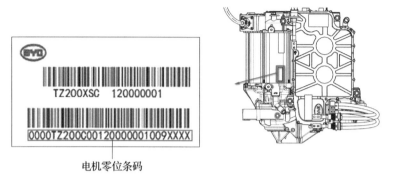

电机零位条码

图 10-2　电机零位条码位置

2）整车上 ON 挡电，P 位不变，连接并启动 VDS，选择"汽车诊断系统"，如图 10-3 所示。

图 10-3　选择"汽车诊断系统"

3）选择"乘用车"，如图 10-4 所示。

图 10-4　选择"乘用车"

4）选择"EV 系"，如图 10-5 所示。

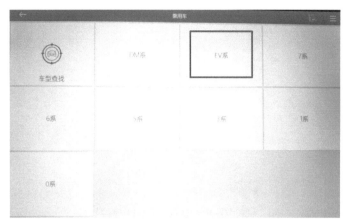

图 10-5 选择"EV 系"

5）选择"HCE"→"HCE 通用"（按照实际车型自行选择），然后设备会读取 VIN 信息，如图 10-6 和图 10-7 所示。

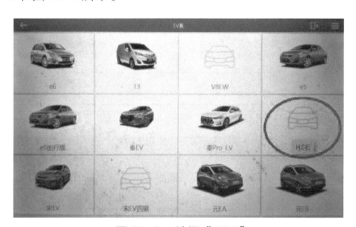

图 10-6 选择"HCE"

图 10-7 读取 VIN

6）选择"ECU 模块"进入扫描，如图 10-8 所示。

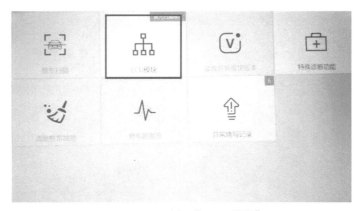

图 10-8　选择"ECU 模块"

7）扫描结束后，选择"前驱动电机控制器"，单击右侧箭头进入诊断页面，如图 10-9 所示。

图 10-9　选择"前驱动电机控制器"

8）选择"数据流"，单击 ▶ 数据流，如图 10-10 所示，翻到第三页，查看并记录原前驱动电机零位值（当前电机零位为 07BC），如图 10-11 所示。

图 10-10　选择"数据流"

图 10-11　读取当前电机零位值

9）单击■，停止数据流读取，退回到前电机控制器页面，单击"电机零位标定"，如图 10-12 所示。

图 10-12　单击"电机零位标定"

10）输入装车电机的电机零位条码（注意要区分大小写）（1），后单击▷（2），如果条码输入正确，提示"操作成功"（3），到此说明零位标定成功，如图 10-13 所示。如输入条码有误，则提示"消极应答"，零位值会变为默认的 07BC。

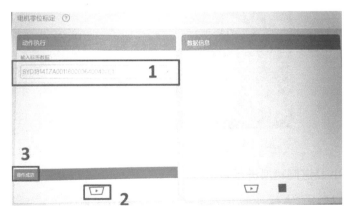

图 10-13　输入零位标定值

11）车辆断电重新起动，VDS 页面操作：退回到前电机控制器页面，重复 8）的操作，读取数据流确认零位是否标定成功，以及零位值是否正确（即最新的零位值是否与当前电机条码的零位值一致）。

注意事项如下：

1）零位标定后需在车辆断电重新起动后才可以读取标定后零位值。

2）如果电机零位条码输入无误，标定时提示"消极应答"，可多次尝试，若依然提示"消极应答"，请记录电机、电机控制器条码和整车 VIN 码，并及时反馈厂家处理。

3）电机上零位条码的最后四位是零位值，如图 10-14 所示，VDS 数据流中显示的零位值与电机条码上的零位值进行核对。

图 10-14　电机零位值位置

10.1.3　安全气囊编码

以大众为例，讲解安全气囊编码（ASCII）及进制转换方法。

1. 先找出新控制单元的索引码（图 10-15）。

图 10-15　找出新控制单元的索引码

2. 使用 ASCII 及进制转换进行转换

1）单击字符转换，在输入栏填写要转换的字符（注意大小写），再将字符转换为十六进制，结果栏会得到一个十六进制数值，将结果栏数值复制，如图 10-16 所示。

2）单击进制转换，将复制的数值粘贴在输入栏中，再将十六进制转换为十进制，在结果栏得到的数值即该控制单元的编码，如图 10-17 所示。

图 10-16　进入字符转换

图 10-17　进入进制转换

上汽大众部分车型安全气囊控制单元索引码与编码转换速查表见表 10-1。

表 10-1　上汽大众部分车型安全气囊控制单元索引码与编码转换速查表

索引码	十进制	十六进制	应用车型	气囊数
00	123336	00 300 30	新波罗 / 途观	2/4/6
01	123337	00 300 31	新波罗 / 朗逸 / 途观	2/4/6
02	123338	00 300 32	朗逸 / 途观	2/4/6
03	123339	00 300 33	新朗逸 / 新帕萨特	2/4/6
04	123440	00 300 34	新帕萨特 / 新桑	6
05	123441	00 300 35	新途观 / 新帕 / 新桑	2/4/6
06	123442	00 300 36	—	—
07	123443	00 300 37	新桑塔纳	2
08	123444	00 300 38	新朗逸	6
09	123445	00 300 39	新朗逸 / 朗逸	2/4/6
0A	123553	00 300 41	—	—
0B	123554	00 300 42	—	—
0E	123557	00 300 45	朗行	2/6
00G	123559	00 300 47	朗行	4
0J	123662	00 300 4A	新帕萨特 / 朗行 / 朗镜	2/4/6
0K	123663	00 300 4B	新朗逸	2
0L	123664	00 300 4C	朗行	2/4/6

（续）

索引码	十进制	十六进制	应用车型	气囊数
0Z	123778	00 300 5A	—	—
16	125998	00 311 36	尽情	2
18	126000	00 311 38	途安	4
19	126001	00 311 39	途安	2
1A	126009	00 311 41	途安 / 新波罗 / 新途安	4
1B	126110	00 311 42	途安	2
22	12850	00 32 32	尽情	4
23	12851	00 32 33	领驭	4
26	12854	00 32 36	领驭 / 新领驭	2
2CC	12867	00 32 43	尽情	2
2FF	12870	00 32 46	—	—
2NN	12878	00 32 4E	—	—
2PP	12880	00 32 50	领驭 / 新领驭	6
3B	131122	00 333 42	新波罗 / 新途安	2/4/6
3C	131123	00 333 43	—	—
3D	131124	00 333 44	新途安	4
3F	131126	00 333 46	新途安	4/6
3G	131127	00 333 47	新波罗 / 新途安	4
3L	131132	00 333 4C	新途安	2
40	133360	00 334 30	—	—
41	133361	00 334 31	志俊	1

10.1.4 组合仪表编码

以一汽大众速腾车型为例，该车型更换仪表后需要编码，操作步骤和方法如下：

1）连接 VAS 5052A，进入地址 17，读取仪表编码并记录，同时关闭点火开关，拆下蓄电池负极。用 T3409 拆下转向盘上护板。

2）拆下仪表固定螺栓（2 颗），用手抓住仪表下沿，将仪表取出。

3）安装仪表及转向盘护罩，紧固蓄电池负极，新仪表更换后显示 PRO 生产模式，同时前照灯和机油警告灯闪亮，显示英文菜单。然后进行如下操作：

①选择 17-12-39，将数值 1 改为 0，取消机油液位报警，如图 10-18 所示。

②通过 17-12-22 取消生产模式及灯光报警。

③通过 17-12-4 将数值改为 9，显示中文菜单，如图 10-19 所示。

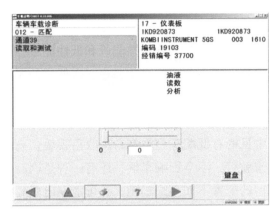

图 10-18　进入通道 39，将 1 改为 0

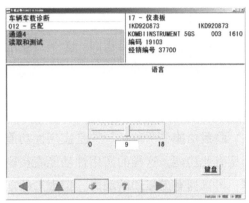

图 10-19　进通道 4 将数值改为 9

④通过 17-12-9 输入以 10 为步长取整的里程数，例如，25327km 输入 2533，如图 10-20 所示。

⑤通过 17-07 输入原车编码，如图 10-21 所示。

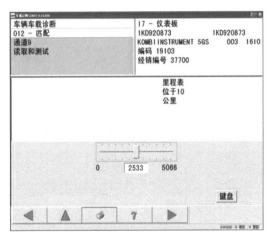

图 10-20　输入里程数

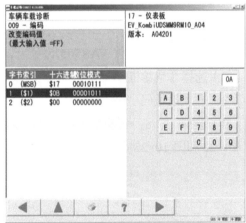

图 10-21　输入原车编码

4）匹配仪表及钥匙。

①方法一：连接 VAS 5052A，进入引导功能选择，确定品牌、车型年款、发动机类型，确定无误形成测试计划，按功能导航提示进行逐步操作，匹配完成后调整时间及四门玻璃的基本设定。

②方法二：连接 VAS 5052A，进入地址 17 →（对于用过仪表功能启用（PIN）→输入原车 PIN）→匹配通道 50 →输入本车 PIN →显示车辆底盘号→ Q 键确认。进行钥匙与防盗器的匹配，地址 17 →功能启用（PIN）→输入本车 PIN →功能 10 →通道 21输入要配钥匙数→ Q 键确认，关闭点火开关，然后依次插入要匹配钥匙，注意观察防盗警告灯亮灭的提示。

10.1.5 隐藏功能编码

车辆的隐藏功能是指同一个平台生产出来的车型，因为有高性能版和低性能版，还有高配和低配之间的差别。厂商会通过技术手段，把一些功能隐藏起来，在低配的车型上不显示，而专门给高性能版的车型使用。另外还有一些功能是属于加配的功能，原来也预留有接口或者是调试好，需要加配时直接开放出来就可以使用。

隐藏功能分两种：一种是实用性功能，常见的有低配车型没有自动收后视镜，高配车型有此功能，这样的实用性功能直接刷出来就行，不会影响车辆；还有一种是刷高功率，可以拥有更强劲的动力，但因为低配车型的配置不如高配车型，有可能刷出更高的动力，会造成油耗偏高等影响。

下面以全新迈腾日间行车灯隐藏菜单打开为例进行介绍。

使用工具为车辆诊断仪 VAS505X（版本 16.05）。

操作方法如下：

1. 首先通过更改车载电网控制单元 J519 编码激活仪表多功能显示屏中"日间行车灯"菜单

1）连接车辆诊断仪 VAS505X。

2）选择车辆诊断功能。

3）进入地址码"09"。

4）选择"008- 编码"功能：Byte9 由 9C 更改为 1C；Byte15 由 34 更改为 F4，如图 10-22 和图 10-23 所示。

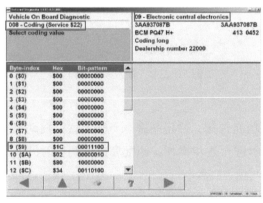

图 10-22　更改编码 1C

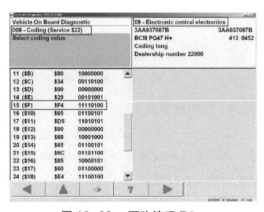

图 10-23　更改编码 F4

2. 然后通过仪表多功能显示屏中"日间行车灯"菜单开启和关闭该功能

1）更改编码后，仪表多功能显示屏菜单"车灯与视野"中会增加一条新的菜单选项"日间行车灯"。

2）通过选择和取消"日间行车灯"选项开启和关闭该功能，如图 10-24 所示。

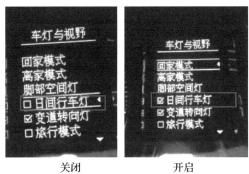

关闭　　　　　　开启

图 10-24　仪表菜单设置

10.2　汽车电脑编程

10.2.1　发动机电脑编程

以大众迈腾车型为例，1.4TSI 发动机电脑升级操作步骤如下：

1）将 VAS5051/VAS5052/VAS5052A 与车辆相连，打开点火开关，将刻录好的光盘放入 VAS5051/VAS5052/VAS5052A 的光驱中，单击"车辆车载诊断"进入"01- 发动机电子装置"，如图 10-25 所示。

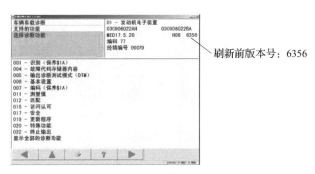

刷新前版本号：6356

图 10-25　进入发动机电子装置

2）进入"019- 更新程序"，如图 10-26 所示。

3）按右箭头图标继续，显示数据下载过程，如图 10-27 所示，等待。系统显示过程提示条，待达到 100% 后，关闭点火开关，过 5s 后再打开。

4）升级后显示如图 10-28 所示。

5）按右箭头图标继续，自动清除故障码存储器，如图 10-29 所示。

6）一段时间后，故障自动清除，如图 10-30 所示，显示"功能终止"。

注意事项如下：升级过程中，若蓄电池没电，将导致发动机控制单元损坏，因此升级过程中最好给蓄电池充电。

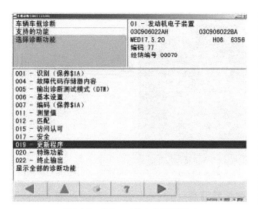

图 10-26　进入更新程序

图 10-27　显示数据下载过程

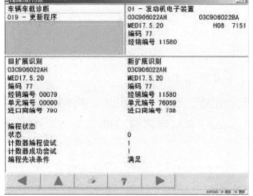

图 10-28　升级后显示

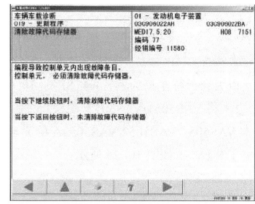

图 10-29　自动清除故障码存储器

刷新后版本号：7151

图 10-30　显示"功能终止"

10.2.2　转向机匹配编程

以大众汽车装配的 ZF 转向机为例，介绍五种不同的匹配方法。

1.第一种方法

1）起动发动机。

2）转向盘在正中 ±10° 位置。

3）将转向盘分别向左和向右转至极限位置，需要保持一定的时间。如果是第三代转向机，每次打到极限位置后，等待直至仪表会发出"铛铛铛"三声报警声。

4）将转向盘回位至正中位置，EPS 黄灯熄灭。

5）关闭点火开关后，就会记忆参数。

2. 第二种方法

1）起动发动机，转向盘在正中 ±10° 位置。

2）使用 VAS5052A 清除学习值：44-10-00；仪表上 EPS 黄灯点亮。

3）进入 03-16-31857（登录）-04-060，仪表上 EPS 黄灯和 ESP 灯点亮。

4）退出 03，EPS 黄灯仍点亮（44 中有 02546 故障码），ESP 灯熄灭。

5）将转向盘分别向左和向右转至极限位置，需要保持一定的时间。如果是第三代转向机，每次转至极限位置后，等待直至仪表会发出"铛铛铛"三声报警声。

6）将转向盘回位至正中位置，仪表上 EPS 黄灯熄灭。

7）关闭点火开关后，就会记忆参数。

3. 第三种方法

1）起动发动机，转向盘在正中 ±10° 位置。

2）使用 VAS5052A 清除学习值：44-10-00，仪表上 EPS 黄灯点亮。

3）进入 03-16-40168（登录）-04-060，仪表上 EPS 黄灯和 ESP 灯点亮。

4. 第四种方法

使用诊断仪上的"引导性功能"，按照步骤提示进行操作。

VWA 品牌的转向机 G85 限位设定的匹配如下：

1）使用 VAS5052A 进入 03-16-40168（登录）-04-60（设定），这时 ESP 和 EPS 黄灯点亮，退出 03。

2）使车辆以低于 20km/h 的速度直线行驶一段路程，ESP 灯熄灭。

3）停车，将转向盘向左转至极限位置并保持，直至听到仪表出现"铛铛铛"三声报警声；然后继续以低于 20km/h 的速度直线行驶一段路程后停车，将转向盘向右转至极限位置并保持，直至听到仪表出现"铛铛铛"三声报警声。

4）将转向盘转到正中位置。这时 EPS 黄灯会熄灭，设定完成。

5. 第五种方法

更换转向机后，按上述方法无法消除故障码"02546 005 转向限位挡块设置不正确"，检查发现最大转向角右边比左边大 70°，此时将转向盘转到 −35°，关闭点火开关，拆下转向盘，将复位环放到正中位置，安装转向盘，匹配成功。

10.2.3 钥匙全部丢失匹配编程

用户将全部钥匙丢失，在丢失钥匙前车辆所有功能全部正常，使用该功能为该车匹配两把智能钥匙。

下面以长城汽车为例，讲解匹配过程。

所需防盗码：长城授权码。

条件准备：车辆IMMO、PEPS功能正常；全新智能钥匙两把。

编程原理：诊断仪与PEPS通信，PEPS通过IMMO与待匹配的钥匙进行通信，读取钥匙中存储的UID，然后写入ROM，再将K-SK写入待匹配的钥匙，完成一次正常认证后，匹配成功。

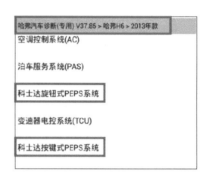

图 10-31 选择车型

操作步骤如下：

1）结合实车情况，选择正确的车型，使用正确的PEPS诊断功能，如图10-31所示。

2）单击"售后功能"选项，如图10-32所示。

3）单击"EOL下线学习模式"选项，如图10-33所示。

图 10-32 单击"售后功能"

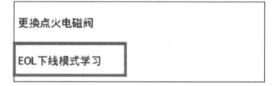

图 10-33 单击"EOL下线模式学习"选项

4）按照诊断仪提示，输入技术支持部提供的长城授权码，如图10-34所示。H7/VV7/M6车型此步骤需要输入PIN码，严格按照诊断仪提示操作即可。

5）单击"不清除K-SK重新学习钥匙（2把）"功能，如图10-35所示。

图 10-34 输入授权码

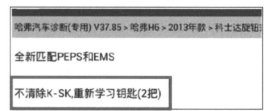

图 10-35 单击"不清除K-SK重新学习钥匙（2把）"功能

6）单击"1.进入恢复EOL学习模式"命令，如图10-36所示。

7）待诊断仪显示"恢复下线钥匙学习模式成功"后单击"确定"，如图 10-37 所示。

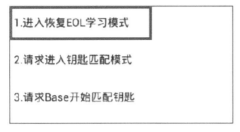

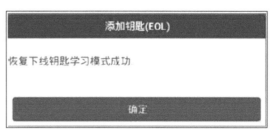

图 10-36　单击"1. 进入恢复 EOL 学习模式"　　　图 10-37　单击"确定"

8）诊断仪返回上一级功能菜单，单击"2. 请求进入钥匙匹配模式"，如图 10-38 所示。

9）待诊断仪显示"PEPS 成功进入下线钥匙学习模式"后单击"确定"，如图 10-39 所示。

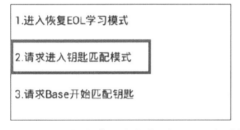

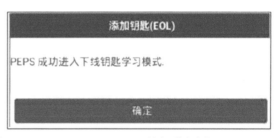

图 10-38　单击"2. 请求进入钥匙匹配模式"　　　图 10-39　单击"确定"

10）诊断仪返回上一级功能菜单，单击"3. 请求 Base 开始匹配钥匙"，如图 10-40 所示。

11）当诊断仪出现图 10-41 所示的提示信息后，将需要进行匹配的智能钥匙按要求放置在 IMMO 线圈处，然后单击"确定"。

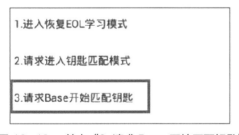

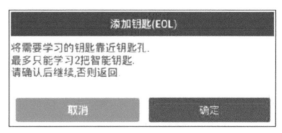

图 10-40　单击"3. 请求 Base 开始匹配钥匙"　　　图 10-41　单击"确定"

12）当诊断仪出现图 10-42 所示的提示信息后，表示当前钥匙匹配成功，将另外一把智能钥匙按要求放置在 IMMO 线圈处，然后单击"确定"。

异常提示：当按照 10）~11）步要求单击"确定"后，诊断仪提示"无效钥匙"（图 10-43）时，表示当前 IMMO 线圈未检测到钥匙，下一步需要检查：所匹配的钥匙是否适用于该车型，钥匙位置放置是否正确，IMMO 线圈是否存在故障，钥匙自身是否存在故障。

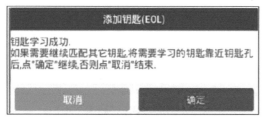

图 10-42　当前钥匙匹配成功

图 10-43　提示"无效钥匙"

当按照 10）~11）步要求单击"确定"后，当诊断仪提示"钥匙与 PEPS 不匹配"时（图 10-44），表示 PEPS 存储的 K-SK 与钥匙中存储的 K-SK 不一致，导致无法匹配成功，下一步需要检查当前使用的钥匙是否是全新的钥匙。

13）当诊断仪显示图 10-45 所示的提示信息后，表示两把钥匙已匹配成功，退出诊断仪即可。

图 10-44　提示"钥匙与 PEPS 不匹配"

图 10-45　匹配成功

10.2.4　宝马 ISTA/P 诊断软件编程方法

以宝马为例，原则上只有在以下情况下才允许为车辆编程：

1）某一诊断系统测试模块要求进行编程时。

2）在技术改进活动的范围内。

3）改装和加装时。

4）宝马集团技术支持明确指出（例如通过 PuMA）需进行车辆编程时。

避免编程出现错误的一项重要举措是针对车辆做好准备工作并遵守编程期间的操作说明。

针对具体车辆应遵守相关的特殊规定。为此必须查找 ISTA/P 用户文件中的编程信息。下面将介绍适用于所有车辆的准备工作。

每次编程前必须首先对车辆进行诊断并确保车辆无任何故障。只有排除车辆电气系统内的故障后，才允许开始编程。

1. 准备工作

1）关闭发动机，如图 10-46 所示，将点火钥匙转到总线端 0 处。

2）手动变速器车型，将变速器置于空挡位置，如图 10-47 所示，拉紧驻车制动器。

3）自动变速器车型，将变速器置于 P 位，如图 10-48 所示，变速器温度低于 80℃。

图 10-46　关闭发动机　　图 10-47　手动变速器　　图 10-48　自动变速器
　　　　　　　　　　　　　　　　置于空挡位置　　　　　　　　置于 P 位

4）在带有电动机械式驻车制动器的车辆上启用或拉紧驻车制动器，如图 10-49 所示。

5）关闭所有用电器、车灯和转向信号灯，关闭刮水器和清洗装置，确保刮水器可自由移动，编程期间可能会启用刮水器，切勿卡住刮水器，如图 10-50 所示。

6）开始编程前应为蓄电池充足电量（＞13 V）。连接宝马（BMW）规定和认可的蓄电池充电器并设置为外部供电模式（FSV 模式）。编程期间不要连接或断开充电器接线。编程期间车载网络电压不得低于 13V，如图 10-51 所示。

图 10-49　启动驻车制　　图 10-50　关闭用电器　　图 10-51　保持编程输
　　　　　　动功能　　　　　　　　　　　　　　　　　　　　　电稳定

2. 诊断

在 ISTA 维修车间系统内进行车辆测试。

编程前利用 ISTA 诊断系统排除可能存在的投诉问题并清除所存储的故障码。

3. 编程

ISTA/P 自动保存 CKM 值，编程结束后自动写入，编程界面如图 10-52 所示。

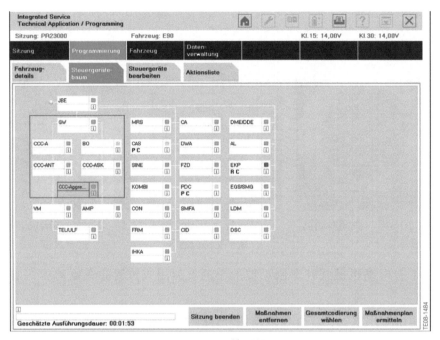

图 10-52　编程界面

开始编程。ISSS 数据状态必须始终保持最新，只能通过 ICOM 进行编程。

注意车辆编程信息：

1）在 ISTA 维修车间系统内完成车辆测试后，首先应注意 ISTA 维修车间系统内的编程信息。这项功能 2009 年 1 月投入使用。

2）尤其要注意新闻和当前编程错误标题，BMW 会在此处发布最新信息。

完成诊断并确定车辆数据后，会显示车辆和控制单元专用的数据和信息。编程到最新集成阶段后，客户可以感觉到车辆编程后的功能变化，编程后这些功能变化也列在客户可以感觉到的功能变化标题下。

在带有 MOST 总线和快速擦写编程插头的车辆上，需利用 ICOM B 进行 MOST 控制单元编程。相关车辆为自 E65 起带 MOST 总线的所有车辆。

确保编程期间不操作开关和收音机等，否则可能导致编程中断。

10.2.5　通用组合仪表编程

以 2009 年款部分带选装号 UDC 雪佛兰科鲁兹车型为例，当行李舱未关时，部分车辆组合仪表上未显示报警信息。部分带选装号 UDC 的科鲁兹轿车的组合仪表中的程序未将报警功能打开。无须更换组合仪表，对组合仪表进行重新编程即可。

1）登录 TIS2WEB，单击维修编程系统（SPS），如图 10-53 所示。

图 10-53　登录维修编程系统

2）选择"J2534 MDI""重新编程 ECU"，如图 10-54 所示。

图 10-54　选择诊断工具和编程程序

3）选择车型信息，进入下一步，如图 10-55 所示。

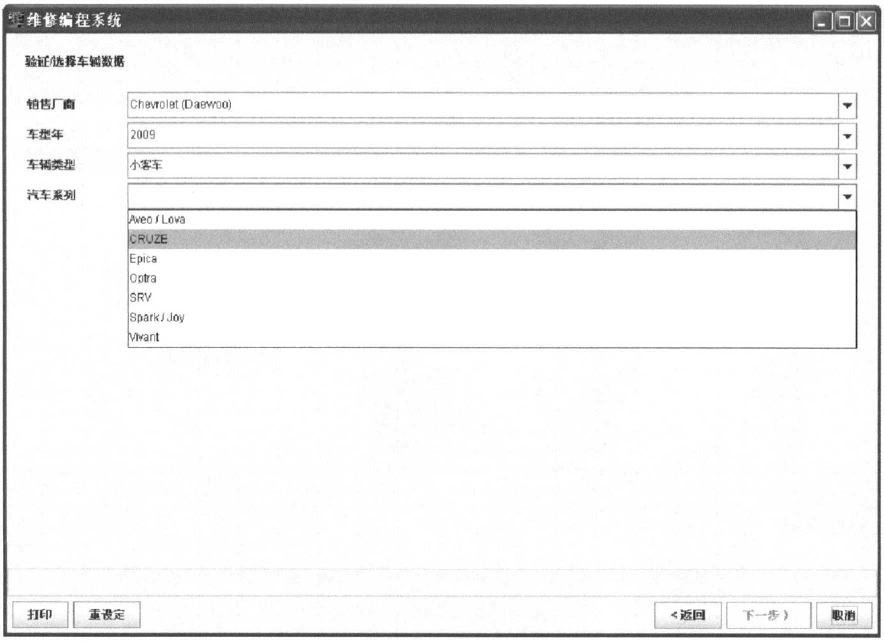

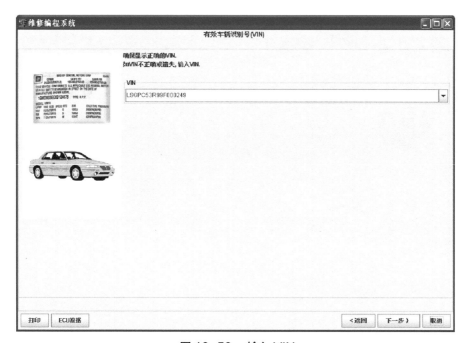

图 10-55　选择车型信息

输入 VIN，如图 10-56 所示。

图 10-56　输入 VIN

4）控制器选择"IPC 仪表组 - 编程"，编程类型选择"普通"，如图 10-57 所示。

图 10-57　选择控制器和编程类型

5）进入验证 / 选择车辆数据界面，确认车辆选装信息，如图 10-58 所示。

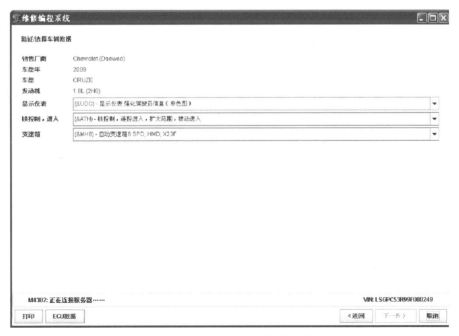

图 10-58　确认车辆选装信息

汽车电脑维修从入门到精通

6）进入校准程序界面，单击"下一步"，进入维修编程，如图 10-59 和图 10-60 所示。

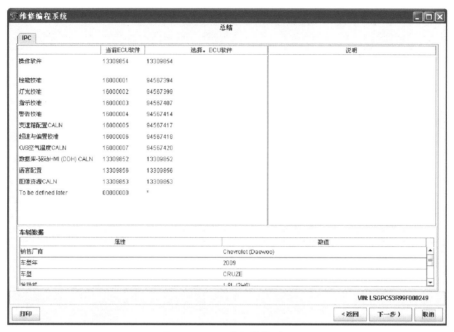

图 10-59　进入维修编程

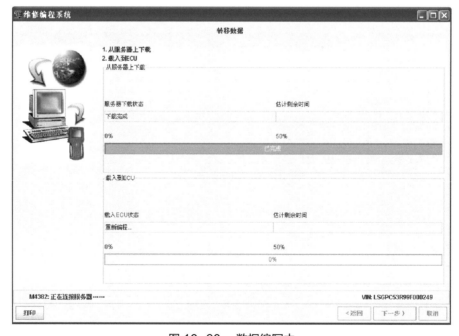

图 10-60　数据编写中

7）维修编程成功后，再进行组合仪表的配置，进入图 10-61 所示界面，控制器选择"IPC 仪表组 - 配置与设定"，编程类型选择"普通"。

166

图 10-61　组合仪表配置界面

8）单击"下一步"，进行组合仪表的配置与设定，如图 10-62 和图 10-63 所示。

图 10-62　单击"下一步"，进行组合仪表的配置与设定

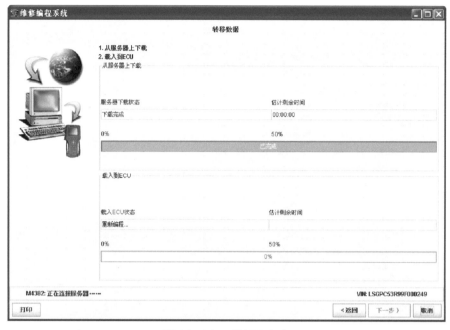

图 10-63　数据写入中

9）按照屏幕提示操作 SPS 软件和车辆，完成对组合仪表的配置，最后完成编程，如图 10-64 所示。

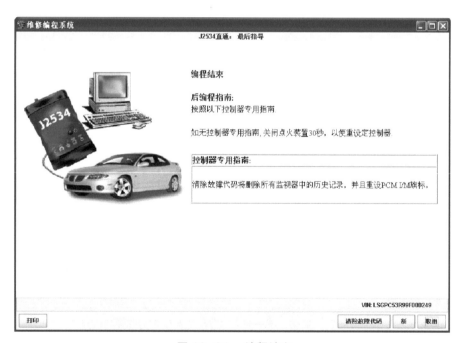

图 10-64　编程结束

10）完成编程和设置之后进行检查，当行李舱打开时，组合仪表上应有"行李箱未关"的警告信息和图标，如图 10-65 所示。

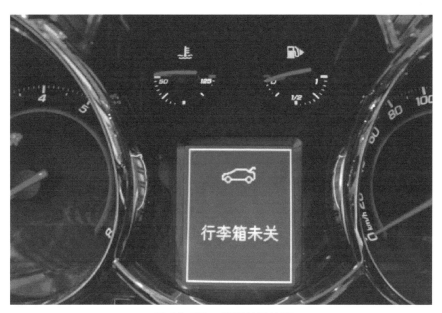

图 10-65　编程结果检查

附录

汽车电脑（ECU）与电控系统英文缩略语释义

缩略语	英文全称	中文名称
	A	
AALA	Audi Active Lane Assist	奥迪车道保持系统
ABS	Antilock Brake System	防抱死制动系统
AC/DC	Alternating Current / Direct Current	交流 / 直流变换器
AC	Air Conditioning	空调
ACC	Adaptive Cruise Control	自适应巡航
ACIS	Acoustic Control Iduction System	声控进气系统（丰田）
ACM	Auxiliary Control Module	主动控制发动机支座（本田）
A/D	Analog. Digital	模拟 / 数字转换
ADAS	Advanced Driver Assistant Systems	高级驾驶辅助系统
AEB	Automatic Emergency Braking	紧急制动
AHC	Active Height Control	主动高度控制悬架（丰田）
APIX	Automotive pixel link	车用高速音频视频传输串行总线技术
App	Application	应用程序
ASR	Acceleration Slip Regulation	驱动（轮）防侧滑系统
AVS	Active Variable Suspension	可调节悬架
	Audi Valvelift System	奥迪可变气门升程系统
	B	
BCM	Body Control Module	车身控制模块
BCS	Body Control System	车身控制系统
BCU	Battery Control Unit	电池控制单元
BDC	Body Domain Controller	车身域控制器
BDU	Battery energy Distribution Unit	电池能量分配单元
	Battery Disconnect Unit	电池切断单元
BECM	Battery Energy Control Module	蓄电池能量控制模块（通用）
BGA	Ball Grid Array	球阵列封装
BIC	Battery Information Collector	电池信息采集器
BMC	Battery Module Controller	电池模块控制器
BMS	Battery Management System	电池管理系统

（续）

缩略语	英文全称	中文名称
BTMS	Battery Thermal Management System	电池热管理系统（比亚迪）
C		
CAN	Controller Area Network	控制器区域网络
CBC	Corner Brake Control	转向制动控制
CCM	Chassis Control Module	底盘控制模块（通用）
CCU	Climate Control Unit	气候控制单元（蔚来）
	Coupling Control Unit	耦合控制单元（广汽）
CDDB	Compact Disc Database	光盘数据库
CDC	Continuous Damping Control	连续减振控制系统
CID	Communication Interface Device	通信接口设备
CON	Controller	控制器
CPU	Central Processing Unit	中央处理器
CSP	Chip Scale Package	芯片尺寸级封装
CVT	Continuously Variable Transmission	无级变速器
D		
DAB	Digital Audio Broadcasting	数字音频广播
DC/DC	Direct Current/ Direct Current	直流 / 直流变换器
DIP	Dual In-line Package	双列直插封装
DLC	Diagnostic Link Connector	数据插接器（诊断接口）
DLI	Distributorless Ignitioo	无分电器点火
DMCU	Drive Motor Control Unit	驱动电机控制器
DME	Digital Motor Electronics	数字式发动机电子系统（宝马）
DPF	Diesel Particulate Filter	柴油机微粒滤清器
DSC	Dynamic Stability Control	动态稳定控制（宝马）
DSCC	Distance Sensing Cruise Control	距离感应巡航控制（通用）
DSP	Digital Signal Processor	数字信号处理器
DTC	Diagnostic Trouble Codes	诊断故障码
DVD	Digital Videodisc	数字化视频光盘
E		
EBA	Electronic Brake Assist	电子制动辅助系统
EBC	Engine Brake Control	发动机制动控制
EBCM	Electronic Brake Control Module	电子制动控制模块（通用）
EBD	Electronic Brake-force Distribution	电子制动力分配

（续）

缩略语	英文全称	中文名称
EBV	Electronic sche Bremsenkraft Verteiler	电子制动力分配（德文缩写）
ECAM	Engine Control and Measurement	发动机控制和测量（丰田）
ECM	Engine Control Module	发动机控制模块
	Electronic Control Module	电子控制模块
ECD	Electric-Control Diesel	电子控制柴油机（丰田）
ECT	Electronic Control Transmission	电子控制自动变速器（丰田）
ECU	Electronic Control Unit	电子控制单元
	Engine Control Unit	发动机控制单元
EDC	Electric-Diesel-Control	柴油机喷射电子控制
EDL	Electronic Differential Lock	电子差速锁
EDU	Electric Drive Unit	电控传动单元（丰田）
EDIC	Electric Diesel Injection Control	柴油机电喷控制（丰田）
EDS	Elektronishe Differential -Sperrer	电子差速锁（德文缩写）
EEPROM	Electrically Erasable Programmable Read Only Memory	电可擦可编程只读存储器
EFI	Electronic Fuel Injection	电子燃油喷射（简称"电喷"）
EGR	Exhaust Gas Recirculation	排气再循环
EGS	Electronic Gearbox System	自动变速器系统
EHPS	Electrically Hydraulic Powered Steering	电动液压助力转向
EHS	Electronic Hybrid System	电子混动系统（比亚迪）
EKP	Elektrische Kraftstoffpumpe	电动燃油泵（宝马）（德文缩写）
EPB	Electric Parking Brake	电子驻车制动
EPS	Electronic Power Steering	电动动力转向
ESC	Electronic Stability Controller	车身电子稳定性控制系统
ESP	Electronic Stability Program	车身电子稳定系统
ETCS-i	Electronic Throttle Control System- intelligent	智能电子节气门控制系统（丰田）
EVAP	Evaporative Emission Control System	燃油蒸汽排放控制
F		
FPC	Flexible Printed Circuit board	柔性电路板
FM	Frequency Modulate	频率调制（调频收音机）
FRAD	Frad Rear Axle Decelerates	后桥减速
G		
GND	Ground	（电路）地，接地

（续）

缩略语	英文全称	中文名称
GPF	Gasoline Particulate Filter	汽油颗粒捕集器
GPS	Global Positioning System	全球定位系统
GPU	Graphic Processing Unit	图形处理单元
	H	
HBA	Hydraulic Brake Assist	液压制动辅助系统
HBS	Hydraulic Brake System	液压制动系统
HCU	Hybrid Control Unit	混动控制器
HID	High Intensity Discharge	高强度放电（氙气前照灯）
HDS	Honda Diagnostic System	本田诊断系统
HSD	Hybrid Synergy Drive	混合动力系统（丰田）
HSPA	High Speed Packet Access	高速分组接入
HUD	Head Up Display	平视显示器
HVAC	Heating Ventilation and Air Conditioning	取暖、通风和空调系统
HVH	High Voltage Electric Heating	高压电加热系统（广汽）
	I	
IAT	Intake Air Temperature	进气温度（传感器信号）
IBOC	In Band on Channel	带内同频
IC	Integrated Circuit	集成电路
ICE	Internal Combustion Engine	内燃机
IG	Ignition	点火系统
IMMO	Immobiliser/Immobilizer	发动机防盗锁止系统
I/O	Input/Output	输入/输出
ISS	Input Shaft Speed	输入轴转速（传感器信号）
	K	
KAFAS	Kamerabasierende Fahrerassistenzsysteme	基于摄像头的驾驶员辅助系统（德文缩写）
	L	
LCCC	Leadless Ceramic Chip Carrier	无引线陶瓷封装载体
LIN	Local Interconnect Network	本地互联网络（总线）
LKA	Lane Keep Assist	车道保持功能
	M	
MAF	Mass Air Flow	质量空气流量（传感器信号）
MAP	Manifold Absolute Pressure	进气歧管绝对压力（传感器信号）

（续）

缩略语	英文全称	中文名称
MCU	Motor Control Unit	电机控制单元
MCU	Micro Controller Unit	微处理器（微机）
MPI	Multi Port Injection	多点（燃油）喷射
MPX	Multiplex	多路通信系统（丰田）
MICU	Multi-channel Integrated Control Unit	多路集成控制单元（比亚迪）
MIL	Malfunction Indicator Light	故障指示灯
MMI	Multi-Media-Interface	多媒体交互系统（奥迪）
MOST	Media Oriented System Transport	媒体导向系统传输
N		
NC	Not Connected	（插接器端子）未连接（备用）
NFC	Near Field Communication	近距离通信系统
NPU	Network Processing Units	网络处理单元
O		
O_2S	Oxygen Sensor	氧传感器
OABR	OPEN Alliance BroadR-Reach	车载以太网物理层技术（宝马）
OBD	On-Board Diagnostics	车载诊断系统
OEM	Original Equipment Manufacture	原始设备制造商
OSS	Output Shaft Speed	输出轴转速（传感器信号）
P		
PC	Personal Computer	个人计算机
PCB	Printed Circuit Board	印制电路板
PCM	Powertrain Control Module	动力控制模块
PCS	Power Control System	动力控制系统（丰田）
PCU	Power Control Unit	动力控制单元
PCV	Positive Crankcase Ventilation	曲轴箱强制通风
PDU	Power Distribution Unit	动力分配单元，配电箱
PEPS	Passive Entry Passive Start	无钥匙进入及起动系统
PEU	Power Electronics Unit	电力电子单元，即电机控制器
PLCC	Plastic Leaded Chip Carrier	带引线的塑料芯片载体
PQFN	Power Quad Flat Pack No-Lead	电源四面扁平封装无铅
PROM	Programmable Read-Only Memory	可编程只读存储器
PS	Power-Split	动力分流
PS	Power Steering	动力转向

（续）

缩略语	英文全称	中文名称
PSD	Power Split Device	动力分配器
Q		
QFP	Quad Flat Package	四面扁平封装
R		
RAM	Random Access Memory	随机存取存储器
RFK	Rückfahrkamera	倒车摄像头（德文缩写）
ROM	Read-Only Memory	只读存储器
S		
SAS	Select Accessory System	选装配系统
SDARS	Satellite Digital Audio Radio Service	卫星数字音频广播业务
SCU	Shift Control Unit	换挡控制单元
SIM	Subscriber Identity Model	客户识别模块（智能卡）
SoC	System on Chip	系统级芯片
SOP	Small Out-Line Package	小引出线封装
SPI	Single Point Injection	单点（燃油）喷射
	Serial Peripheral Interface	串行外围接口
SRS	Supplement Restraint System	辅助约束（安全气囊）系统
SVS	Service Vehicle Soon	尽快维修车辆
T		
TCB	Telematic Communication Box	远程通信系统盒（宝马）
TCCS	Toyota Computer Controlled System	丰田计算机控制系统
TCM	Transmission Control Module	变速器控制模块
TCS	Traction Control System	牵引力控制系统
TCU	Transmission Control Unit	变速器控制单元
TDI	Turbo Direct Injection	涡轮增压直接喷射（柴油机）
THS	Toyota Hybrid System	丰田混合动力系统
TIS	Technical Information System	车辆开发综合信息系统（丰田）
TJP	Traffic Jam Pilot	交通堵塞导航
TOPS	Tera Operations Per Second	每秒一万亿次（处理器运算能力单位）
TRSVC	Top Rear Side View Camera	顶部后方侧视摄像头
TVIP	Toyota Vehicle Intrusion Protection	丰田车辆侵入保护
TWC	Three Way Conversion	三元催化转化器

（续）

缩略语	英文全称	中文名称
U		
UMTS	Universal Mobile Telecommunications System	通用移动通信系统（3G 技术）
USB	Universal Serial Bus	通用串行总线
V		
VCC	Volt Current Condenser	（电路）供电电压
VCU	Vehicle Control Unit	车辆控制单元，整车控制单元
VIN	Vehicle Identification Number	车辆识别号
VNT	Variable Nozzle Turbine	可变喷嘴涡轮
VPS	Variable Power Steering	可变动力转向
VSC	Vehicle Stability Control	车辆稳定性控制（丰田）
VSCM	Vehicle Stability Control Module	车辆稳定控制模块（通用）
VSS	Vehicle Speed Sensor	车速传感器
VVT-i	Variable Valve Timing-intelligent	智能可变气门正时（丰田）
W		
WLAN	Wireless Local Area Network	无线局域网
Y		
YMC	Yaw-Moment Control	横摆力矩控制
Z		
ZGM	Zentrales Gateway Modul	中央网关模块（德文缩写）

参 考 文 献

［1］丁问司，谭本忠. 汽车电脑维修教程［M］. 北京：机械工业出版社，2007.

［2］刘铁钧. 汽车电脑系统诊断与维修［M］. 北京：科学技术文献出版社，1996.

［3］刘春晖. 汽车电脑结构与维修［M］. 北京：化学工业出版社，2020.

［4］李彦. 汽车电脑板维修从入门到精通［M］. 北京：化学工业出版社，2022.

［5］瑞佩尔. 汽车电脑、传感器与执行器结构与原理［M］. 北京：化学工业出版社，2022.

［6］杨宝玉. 汽车电脑［M］. 北京：人民交通出版社，2005.

［7］瑞佩尔. 汽车编程设置一册通［M］. 北京：化学工业出版社，2018.

［8］赵胜. 汽车电脑原理与检修［M］. 北京：化学工业出版社，2013.

［9］刘青山. 看图学修汽车电脑［M］. 北京：机械工业出版社，2011.

［10］吴文琳. 汽车电脑原理与检修［M］. 北京：人民邮电出版社，2007.

［11］杨生辉. 看图学汽车电脑故障检测与维修［M］. 北京：化学工业出版社，2014.

［12］肖永清，罗礼培. 汽车车载电脑使用与维修［M］. 北京：金盾出版社，2014.

［13］刘春晖. 跟我学汽车电脑检修［M］. 北京：机械工业出版社，2013.

［14］解国峰. 汽车电脑结构原理与维修［M］. 沈阳：辽宁科学技术出版社，2015.

［15］解国峰. 最新汽车电脑维修手册［M］. 沈阳：辽宁科学技术出版社，2007.

机械工业出版社 | 汽车分社
CHINA MACHINE PRESS

—— 读者服务 ——

机械工业出版社立足工程科技主业，坚持传播工业技术、工匠技能和工业文化，是集专业出版、教育出版和大众出版于一体的大型综合性科技出版机构。旗下汽车分社面向汽车全产业链提供知识服务，出版服务覆盖包括工程技术人员、研究人员、管理人员等在内的汽车产业从业者，高等院校、职业院校汽车专业师生和广大汽车爱好者、消费者。

一、意见反馈

感谢您购买机械工业出版社出版的图书。我们一直致力于"以专业铸就品质，让阅读更有价值"，这离不开您的支持！如果您对本书有任何建议或宝贵意见，请您反馈给我。我社长期接收汽车技术、交通技术、汽车维修、汽车科普、汽车管理及汽车类、交通类教材方面的稿件，欢迎来电来函咨询。

咨询电话：010-88379353　编辑信箱：cmpzhq@163.com

二、课件下载

为满足读者电子阅读需求，我社已全面实现了出版图书的电子化，读者可以通过京东、当当等渠道购买机械工业出版社电子书。获取方式示例：打开京东 App—搜索"京东读书"—搜索"（书名）"。

三、教师服务

机械工业出版社汽车分社官方微信公众号——机工汽车，为您提供最新书讯，还可免费收看大咖直播课，参加有奖赠书活动，更有机会获得签名版图书、购书优惠券等专属福利。欢迎关注了解更多信息。

微信公众号
机工汽车

四、购书渠道

编辑微信
13641202052

我社出版的图书在京东、当当、淘宝、天猫及全国各大新华书店均有销售。

团购热线：010-88379735

零售热线：010-68326294　88379203